14歳の
WORLDLY WISDOM FOR 14 YEARS OLD
世渡り術

旅が好きだ！

21人が見つけた
新たな世界への扉

河出書房新社

旅が好きだ！――21人が見つけた新たな世界への扉

もくじ

I

II 想定外こそ旅の楽しみ 61

Ⅳ

インターネットを使いこなそう

I

私が旅に出る理由

WORLDLY WISDOM
FOR 14 YEARS OLD

いくつもの世界がある

作家
角田《かくた》光代《みつよ》

トークイベントでご一緒《いっしょ》したときに、作家の江《え》國《くに》香《か》織《おり》さんが、本を読むことのよさとは何かと質問され、「自分が見ている現実以外に、いくつもの現実が確実に存在していると知ることができる」ことだと言っていて、なるほどたしかにそうだなあ、と思ったことがある。私が見ている今、ここ、がすべてではない。世界はもっと幾重《いくえ》にも存在していて、私たちは本を読むことで、そのどこへでもいくことができる。

子どものころから本を読んでいると、言葉として実感しなくても、その「今ここ」以外に自在にいきできることを、感覚として学ぶ。だから、今暮らしているここで、何か意に染まないことがあっても、つらいことがあっても、今もここもここにいる人たちも好きではなくても、ふんばることができる。逃《に》げ場所がいくつもあることを、知っているから。そして逃げながら、ひとつずつ年齢《ねんれい》を重ね、私たちは子どものころよりずっと自分向きの「今ここ」にたどり着くことができる。それまでたくさんの逃げ場所があり、そこに好きなだけ逃げて過ごしてきたからこそ、たどり着ける「今ここ」だ。

旅というのは、まさにそれを物理的に行うことだと思う。本ならば、パスポートも持たず乗りものにも乗らず異世界にいくことができるけれど、旅では、この体を動かして、この体に必要なものを自分で持って、自分の足で進まなければならない。でも効用は本を読むこととよく似ている。

私の知っている「今」以外に今があり、「ここ」以外にここがあり、私のいる世界以外に世界があり、さらに、私のよく知っている以外の「私」がいる、と身を持って知ることができる。

ひとつの現実、ひとつの世界しか知らないと、それがすべてになる。そこで生きている私がすべてになる。たとえば、お金を持っているほうが、持っていないことよりずっといい、という世界で生きていると、そのルールに則《のっと》って生きなければならない。そこでもし、私がお金を持っていないとすると、生きていくのはとてもつらい。なんとかしてお金を得ようとする。そしてお金をたくさん持ったとする。そのとき、なぜお金をたくさん持ったほうがいいのだったか、わからなくなっている。

　けれども、お金がさほど意味をなさない世界もあるし、お金ではないほかのものがもっと価値を持つ世界もある。お金はあったほうがいいが、それがなぜなのか、はっきりとわかる世界もある。旅をすると、そういうことをすべて、体感できる。お金がなくてつらい、と信じているときに、お金なんて意味がない世界にいくと、まずはびっくりして、それから、体も心も解放される。

　お金はひとつのたとえでしかない。旅は、そんなことの連続だ。自分の持っている既《き》成概念《せいがいねん》がことごとく崩《くず》されていく。既成概念が崩されたあとで、私たちはひとつひとつ自分のあたまで考えて自分の言葉を使って、既成ではない自分だけの概念を作ることを余儀《よぎ》なくされる。

　そして同時に、旅は、私がいる「今ここ」の現実、「今ここ」の日常をも、よりはっきり見せてくれる。照射するように。

たとえば私はひとり旅をするようになって、自分が女性であり、女性という存在が世界において、ひいては日本において、どのようなものであるのか、知った。もちろん旅する前だって、私は自分の性別はきちんと知っていた。でも、女性という性別であることはどういうことなのか、考えたことがなかった。女性が弱者になり得ると思ったことはなかった。日本で女性がどういう位置にあるか、それはなぜなのか、考えたことがなかった。

差別ということも、旅してはじめて知った。もちろん、あたまではわかっていた。けれども差別される側になってはじめて、差別ということが何であるのか、体感した。国により文化により、さまざまな差別がある。それを知ることは、私が日常を生きている場でも当然差別があると知ることでもあった。旅をすることによって私ははじめてそれらについて知り、考え、自分の暮らす国でのそれらについてあらためて知り、考えた。

知り、考えることによって、私たちは想像力をゆたかにすることができる。自分とは異なる正義、異なる倫理《りんり》、異なる価値観で行動する他者について、思いを馳《は》せることができる。そして「今ここ」にも、「今ここ以外」の現実にも世界にも、存在するのはつねにひとりの私と、数え切れない私以外の他者だ。

　女性性と差別というネガティブな面を挙げたけれど、それはどちらかというと旅の些《さ》末《まつ》な点だ。女性を弱者と思わない文化と人々、差別感情を持たない文化と人々のほうが、圧倒《あっとう》的に多い。あるいは、女性だからと親切にされることもあるし、日本人だからと親切にされる場合もある。そうではなくて、ただたんに親切で面倒見《めんどうみ》がいい人もいるし、困っている人を放っておけない人もいる。「どうしてそこまでしてくれるのだろう」と思う人に出会うこともまた、私たちの想像力をきたえてくれる。

　ひとり旅でなくても、家族や友人との旅でも、まったくかまわない。でも、何人で旅しても、つねに自分の目で見て、自分のあたまで考えて、自分の言葉で感想を持つことがだいじだと思う。そうすることで、自分にとって何がうつくしくて何がみにくいか、何が大きくて何がちいさいか、何がおもしろくて何が退屈《たいくつ》か、何を信じられて何は信じられないか、ひとつひとつ、きちんと知ることができる。いや、知る、というより、ただしく組み立てていく、というほうが近い。「今ここ」以外の、いくつもの現実を生きることで、私たちはあらたな私たち自身を手に入れていくのだと思う。

「今ここ」、この限定した場から逃げられる場所は、たくさんあればたくさんあるほど、今ここを生きているのは楽ちんになる。私はそう思っている。

角田光代 Kakuta Mitsuyo

１９６７年神奈川県生まれ。『まどろむ夜のＵＦＯ』（野間文芸新人賞、講談社文庫）、『空中庭園』（婦人公論文芸賞、文春文庫）、『対岸の彼女』（直木賞、文春文庫）、「ロック母」（川端康成文学賞）、『八日目の蟬』（中央公論文芸賞、中公文庫）、『紙の月』（柴田錬三郎賞、ハルキ文庫）など著書多数。ツイッターアカウント→@Kakutamitsuyo

今日も旅する

益田《ますだ》ミリ　イラストレーター

旅に
出たいな〜

と、常に思っている旅好きのオトナなのですが、
どっか行きたい
昔から旅好きというわけではなく
30代になった時にこんなふうに思ったのがきっかけなんです
33才
ハッ
日本には47都道府県あるのに
行ったことがないところがある

このままでは全部行かぬまま
もったいない
わたしの人生おわってしまう？
とにかく毎月少しずつ
全部行ってみるか
と、ひとり旅をはじめだんだん旅好きになっていったのでした
ゴール
ぜ〜んぶ行った
37才→
以来、ひとりで海外ツアー旅行に参加したり
ゾロゾロ
ひとりでフィンランドに行ったり
えーっと
駅どっち？
旅から戻《もど》ってくるとすぐに
ハーーッ
旅に
出たいな〜
と思っているのでした

けれど、
実は旅というものは
旅をしていない時に
旅するためのもの
とも思うのです
ちょっと
今から
旅出よ
春に旅した沖縄《おきなわ》
那覇《なは》の街
太陽をあびる
ハイビスカスの花
すれちがった白いネコ
夜の風の感じ

ゆっくりと思い出し
記《き》憶《おく》の中で旅します
秋の台湾《タイワン》
食堂の朝ごはん
熱々の豆乳
地下鉄のツルツルの
座席
出かけなくても
出かけていける
それは
いつか、もし、わたしが

本当に旅に出られなくなったとしても
自分自身を助けることになるだろう
と思うのです
さて、旅の記憶を鮮明《せんめい》に残すには、
ちょっとしたコツがあります
たとえば、旅先で見たハイビスカス
葉っぱの手ざわりを確かめたり
たとえば、旅先の食堂のスプーン
口に入れた時の舌ざわりに集中したり

ところどころで
「コレ、覚えておくぞ!!」
というポイントを意識的に作ると
思い出しやすいんデス
そして、
今日もまたわたしは旅をするのです
寝《ね》っころがったまま
あるいは、夕飯を作りながら
いつでも自由にどこかに行ける自分でいたくて
本物の旅に出るのかもしれません
行ってきまーす

益田ミリ

Masuda Miri

１９６９年大阪府生まれ。著書に漫画『僕の姉ちゃん』（マガジンハウス）、『沢村さん家《ち》のこんな毎日』（文春文庫）など。「すーちゃん」シリーズ（幻冬舎）は２０１３年に映画化。エッセイに『しあわせしりとり』（ミシマ社）などがある。

旅に出る二つの効用

書籍編集者・ライター
清水浩史《しみずひろし》

「かわいい子には旅をさせよ」「若いうちに旅をせよ」というのは、多感な青年期に広い世界を知ってほしいという、大人から若い人に向けたメッセージ。

でも大人というのは、なかなか現実的な存在で、その言葉の裏には「大人になると忙《いそが》しいから、自由を謳歌《おうか》できるのは若いうちだけだよ」という意味も暗に含《ふく》まれている。

でも、私は違《ちが》うと思う。若いうちに旅をするのは、大人になっても、中高年になっても旅をつづけるため、ではないか。多感な学生時代に旅のおもしろさ、醍醐《だいご》味《み》を知ると、きっと大人になっても旅の習慣はやめられない。たとえ忙しい毎日であっても、週末や休暇《きゅうか》を使っては旅に出るようになる。なぜなら、旅の効用を知っているからだ。

では、旅の効用とはいったい何だろう。

それは、自分のいる場所が当たり前の環境《かんきょう》ではないと、身をもって知ること。自分はちっぽけな存在で、自分の外には多様で広い世界がある。そのことを頭ではなく、肌《はだ》で感じられることが旅の効用だ。

広い世界があることくらい、誰《だれ》もが頭では知っている。なのに、なぜ学生時代のみならず、大人になっても旅に出て、広い世界を感じる必要があるのだろう。

それは、大人の社会にも狭《せま》い世界がたくさんあるから。たとえば会社や組織には、性格の悪い上司やイヤミな同僚《どうりょう》がいる。やりたくない仕事、許せないことも山ほどある。

だからいくつ歳《とし》を重ねても、旅は大切なのだと思う。イヤな環境に慣れきってしまうと、狭い世界に閉じこめられてしまう。でも旅に出ると、自分のいる会社や組織、自分自身がちっぽけな存在であることが再認識できる。だから日常で耐《た》えきれないことがあったら、人間関係から逃《に》げ出してもいいし、会社を辞めてもいい、と気づける。

私は中学生のとき、学校が大キライだった。あるとき校内でお菓子《かし》を食べていたら、先生に平手打ちされて、廊下《ろうか》に正座させられた。禁止だ、と。そんな校則という名の拘《こう》束《そく》にうんざりしていた。なので休暇になると、ひとり旅をはじめた。お小遣《こづか》いは乏《とぼ》しかったため、夜行列車で夜を明かしたり、寝袋《ねぶくろ》で野宿をしたりした。

やはり多感な時期に旅をはじめると、やめられない。高校生になると、休暇中に2、3週間の旅をするようになり、北海道や九州に足をのばした。2年浪人《ろうにん》して大学生になると、テスト以外は授業に出席しなくなった。国内では沖縄《おきなわ》や伊豆《いず》諸島の島々、海外ではインド、アフリカ、中東、アラスカ、インド洋や太平洋の島々に、せっせと出かけた。

学生時代は、ちょっと焦《あせ》っていた。大学を卒業して会社に就職してしまうと、もう永遠に自由な旅はできなくなってしまうのではないか、と。

でも学生時代に旅の効用を知ったおかげで、社会人になってからも、仕事がつらくなると時間を見つけては旅に出た。学生のように長期間の海外旅行には出られなくても、週末や1週間ほどの休暇があれば国内外の海や島に出かけた。

大人になっても旅に出ると、いろいろなことを考える。「このままでいいのか」「会社を辞めるべきか」などと。そして会社を辞《や》めた際には、これ幸いと、長期の旅に出た。働かずに大学院でアフリカの研究に没頭《ぼっとう》したりもした。そうして、これまで出版社など

7つの会社を渡《わた》り歩《ある》いて、49歳《さい》の今は、流れ流れてフリーランスとして働いている。

こんなフラフラした半生が正解だったのか幸せだったのかは、わからない。でも、誰の目も気にせずに「人生の行き先」を自由に取捨選択《しゅしゃせんたく》できたのは、やっぱり旅のおかげ。旅を重ねていると、外には広い世界があることを知っている。自分が今いる環境は当たり前ではないし、自分で決断さえすれば、人はいつだってどこへでも行ける。

そして旅の効用は、もうひとつある。

それは、本に親しむようになること。もちろん旅に出る直前や旅の最中には、本を読んで想像をふくらませる。でもいちばんの効用は、旅が終わったり旅に出られないときに、無性《むしょう》に本が読みたくなること。旅先では知らなかったことにたくさん出会うので、旅を終えると、本を読みたい衝動《しょうどう》に駆《か》られる。旅に出られないときは、次の行き先を考えたり、空想の旅を楽しむために、あれこれと本を読む。実際に旅するだけでなく、家に引きこもることも、本を読めば旅になる。

たとえば、世界遺産に登録された東京都の小笠原《おがさわら》諸島。東京の竹芝桟橋《たけしばさんばし》からフェリーで丸1日、24時間もかかって、ようやく小笠原村の父島《ちちじま》に到着《とうちゃく》する。出航時に見た海の暗い色が、鮮《あざ》やかなブルーに変化していることに驚《おどろ》かされる。強い陽射しや樹々の緑もまぶしい。さらに父島から船で2時間揺《ゆ》られれば、南の母島《ははじま》に到着する。「ついに最果てまできた」と、感慨《かんがい》がわいてくる。母島の南には、ただただ青い海が広がっている。

　でも、どうだろう。母島より南へ行く航路がないだけであって、実際には母島のはるか南に北硫黄《いおう》島、硫黄島、南硫黄島がある。もっと遠くには沖《おき》ノ鳥《とり》島（日本最南端《なんたん》）、南鳥島（日本最東端）がある。それらは日本にありながら交通手段が一切ないために、一般《いっぱん》的には行けない島々だ。母島から先へ向かう航路はないのに、まだまだ遠くに日本の島々が存在している。そんな不思議な思いに駆られると、旅を終えてから無性に本が読みたくなる。行けない島々は、いったいどんなところなのか、と。

　たとえば本を読んでみると、戦時中までは北硫黄島や硫黄島には人が暮らしていたことがわかる。人が暮らしていた時代には、硫黄諸島へ航路も通じていたのだ。太平洋戦争の激戦地となった硫黄島の歴史も、本を通じて詳《くわ》しく知ることになる。そう、物理的に行けないから、行けないのではない。本を読めば、遠くのことが近くに見えてくる。

　旅に出ると、ちっぽけな自分、何も知らない自分に出会う。だから、もっと広い世界を知りたくなる。本を読んで想像をふくらませたくなる。結局、歳を重ねて「行動半径」が広がるから大人になるのではなく、「想像半径」が広がるからこそ、人は大人になるのではないか。裏を返すと、想像力がしぼんでしまったら、どんなに歳を重ねても大人ではなくなってしまうのかもしれない。

旅に出て自分を見つめ直すこと、本を通じて想像の旅に出かけること。大人になっても、いくつになっても、つづけたい。

私は中学時代からはじめた旅が、今もやめられない。わけても海と島の旅は、楽しい。海に行くと、心が洗われる。悩みも不安も洗い流されていく。そして海に浮《う》かぶ小さな島を眺めていると、あたかも島が（ひとりの孤独《こどく》な）人間のように思えてきて、ちっぽけな自分と重ね合わせたくなる。海にぽつんと浮かぶ島は、どこか寂《さび》し気《げ》で、はかなく見えるけれど、力強い。そんな島の姿は、前へ進む勇気を与《あた》えてくれる。

「群れなくてもいい。ひとりでも大丈夫《だいじょうぶ》」と。

清水浩史 Shimizu Hiroshi

１９７１年生まれ。早稲田大学水中クラブに所属しダイビングインストラクター免許を取得して以来、国内外の海と島の旅をつづける。著書に「日本人が行けない」島々を紹介した『秘島図鑑』はじめ『海駅図鑑』『幻島図鑑』（以上、河出書房新社）などがある。ツイッターアカウント→@shimizhiroshi

私が世界一周をして手に入れたもの

作家・ブロガー
はあちゅう

日常を忘れ、リフレッシュしたい。帰る場所のありがたみを確かめたい。見たことのない物を見たい。サバイバル能力を高めたい――旅に出る理由は人それぞれだと思います。

私自身は、小学生の時に百科事典を読み、世界には見たことのない物がたくさんあることを知り、「いつか大人になったら世界一周したい」と思いました。両親が旅好きで、幼い頃《ころ》から各国に連れて行ってもらったことや、幼少期に父親の仕事の都合で、香港《ホンコン》とシンガポールに住んだことも、その考えに拍車《はくしゃ》をかけました。旅の目的地では、その土地でしかできない経験ができ、生《なま》の体験からは、誰《だれ》かのフィルターを通した写真や文字情報からはこぼれ落ちる様々な情報が得られることを知ったのです。

　休みごとに家族や友人と観光旅行に出かけたり、海外で短期留学をしたり、青春18きっぷで日本一周してみたり……いろいろな旅を経験しましたが、まとまった期間を「世界一周旅行」にあてたいという想いは、大学に入学してから日に日に募《つの》っていきました。そして、大学生活最後の1年を、私は「世界一周」に費《つい》やしました。就職先が決まり、大学の卒業に必要な単位を全部取りきって、卒業までの約1年、実質的な「猶予《ゆうよ》期間」を得た私は、内定を得た翌日から世界一周旅行に向けて準備を始めました。旅費は自分でも貯《た》めていましたが、より大きな企画《きかく》にするために、まずはブログを立ち上げ、協賛《きょうさん》企業《きぎょう》を募り、企業にアポを取って営業を開始。世界一周の本をページのカドが丸くなるまで何度も読《よ》み込《こ》み、専門の旅行代理店で旅程を相談し、「世界一周航空券」を購入《こうにゅう》。滞在《たいざい》国が決まった後はビザの取得と予防接種。大きなバックパックや、バックパッカー向けの安宿で必要になるであろうバケツ（洗濯《せんたく》したい時に必須《ひっす》）や、旅行先で出会った人にあげるお土産《みやげ》、画質の良いカメラなど、時間をかけて必要な持ち物も集めていきました。

そして、同じように「大学時代に世界一周したい」という夢を持っていた友人と一緒《いっしょ》に、２００８年の秋に、日本を旅立ちました。卒業論文の締《し》め切《き》りに間に合うように帰国するため、タイムリミット「70日間」で14ヵ国をまわる旅。少し駆《か》け足《あし》にはなるけれど、イースター島（チリ領）から始まり、チリ、ボリビア、ペルー、スペイン、モロッコ、エジプト、ケニア、ヨルダン、イスラエル、インド、ネパール、タイ、カンボジア、ベトナム、という世界一周経験者の間では「東回りルート」と呼ばれるルートを辿《たど》りました。ちなみに「世界一周」の定義は「太平洋と大西洋を同一方向に超《こ》えて、スタート地点へ戻《もど》ること」であり、訪問する国の数は関係ありません。ただ、複数枚の航空券がセットになった「世界一周航空券」を使用すると、別々に各国を訪問するよりもかなりお得に訪問できることから、この「世界一周航空券」を利用した旅人が多いのです。

私が世界一周旅行に出かけたのは２００８年。この原稿《げんこう》を書いているのが２０２０年なので、約12年の歳月《さいげつ》が経《た》ったことになります。若い人には「世界一周をすれば人生が変わりますか?」と質問されることが多いので、改めて、あの時の旅が私をどう変えてくれたかを考えてみたいと思いますが、結論は、「思い出が増えた」という凡庸《ぼんよう》な回答になってしまいます。質問する側は「インドでガンジス川に飛び込んだら人生観が変わった！」「イスラエルでパレスチナ自治区の住民と触《ふ》れ合《あ》って国家観が変わった！」などの、「何もない自分が世界一周経験を経て、人間的に大きく成長し、人生の転機が得られた」という安直なストーリーを聞きたがっているように思います。けれど、私が実際に手にしたのはその正反対のストーリーで「場所が変わったくらいで、自分という人間は変わらない。どこにいても誰といても、自分は自分で、この人生から逃《に》げることは出来ない」という絶望したくなるような現実でした。

とはいえ私自身も、世界一周に行く前は、心のどこかで「この旅が私の人生を何らかの形で変えてくれる」と思っていたような気がします。それは半分事実で、半分は幻想《げんそう》でした。実際は、アクシデント続きの旅の道中に、日頃から感じていた自分の嫌《いや》な部分は、改善されるどころか、普段《ふだん》よりも目立って見えてしまい、自己嫌悪《じこけんお》が深まりました。旅先ではどこへ行っても、日本での自分の暮らしがいかに恵《めぐ》まれていたかが身にしみましたが、それは戦争映画を見た後の束《つか》の間《ま》の感動と同じように、日常に戻るとともに薄《うす》れていきました。

結局、人生は、今、自分の生きる場所で展開されていき、運命を変えるためには、ただ環境《かんきょう》や出会う人を変えるのではなく、時に苦痛を伴《ともな》う泥臭《どろくさ》い努力をするしかないのだと思います。「自分の人生を変えるのは、自分である」ということと「人にはそれぞれ、生きる場所と向き合うべき運命がある」という逃《のが》れられない事実に向き合えたことが、この旅の一番の収穫《しゅうかく》でした。その他にも、たくさんの思い出と、体感を伴う地理感覚と生《なま》の知識を得ることが出来たと思います。

私が訪れた直後に、パレスチナは空爆《くうばく》を受けました。新聞でそのニュースを知った時に「もう『知らない場所』の出来事ではない、あの時私が見た街と、すれ違《ちが》ったかもしれない人々が攻撃《こうげき》を受けているのだ」と胸が痛みました。その胸の痛みは、パレスチナを実際に訪問する前に感じていた痛みよりも生々しいものでしたが、私が世界一周したところで、世界は何も変わらないし、私が出来ることも何も変わらないという現実を突《つ》きつけられたに過ぎません。パレスチナだけではありません。世界には様々な場所で、様々な理由で苦しんでいる人がたくさんいて、それぞれの闘《たたか》いを生きています。私もまた、闘う人間の一人です。たとえ世界の現実を変えたくても、そのためにはまず、自分のいる場所でしっかりと闘うしかないのです。

私が旅に行く理由は「あの時、あの人と、あの場所にいた」と思うため、一言で言うと思い出作りです。「そんなことか」と思うかもしれませんが、その思い出が、今の私を作り、辛《つら》い時に私を支えてくれます。

あの時、チリで喧嘩《けんか》し、ボリビアで揃《そろ》って高山病で倒《たお》れ、各国で交代で見張りながらトイレやシャワーに行き、サハラ砂《さ》漠《ばく》で一緒に流れ星を見た友人は、国際結婚《こくさいけっこん》して、今はアジアのある都市で暮らしています。私は、なんだかんだで世界で一番好きな場所「東京」で、愛する人と事実婚して、昨年、子どもを産みました。

旅の後も人生はずっと続いていきます。今の日本は、命が脅《おびや》かされるような苦しい場所ではないにしても、それぞれの闘いの日々の中で、誰の人生にも、「この人生で、こんな自分で、良いのだろうか」という迷いや、疲《つか》れる瞬間《しゅんかん》があると思います。私にも、もちろんあります。そんな時に、ふと蘇《よみがえ》る旅の思い出は私を癒《い》やしてくれます。それが、私が旅に出る理由かもしれません。

はあちゅう Ha-chu

慶應義塾大学在学中からブログを始め、卒業後は電通、トレンダーズの2社を経て独立。現在は、「人生全部コンテンツ」を掲げて、様々な形での発信を続ける。２０１８年に事実婚。２０１９年に第一子出産。著書多数。最新刊は『子供がずっと欲しかった』（幻冬舎）。ツイッター・インスタグラムアカウント↓@ha_chu

今年もまた北欧《ほくおう》へ行ってしまう理由

北欧ジャーナリスト
森百合子《もりゆりこ》

初めての旅でも緊張しなかった

私はいま北欧ジャーナリストという肩書《かたがき》をもち、北欧の町や暮らしを紹介《しょうかい》するガイドブックを書いたり講演をする一方で、北欧の生活道具を販売《はんばい》する小さなお店を営んでいます。要するに書いたりしゃべったり、物を売ることを通じて北欧の良さを伝える仕事です。北欧とは一般的《いっぱんてき》にはフィンランド、スウェーデン、デンマーク、ノルウェー、アイスランドの5カ国を指します。この国々を年に1〜2度ほどのペースで訪れて、取材をしたり食器や布の買い付けをしています。

「北欧」と聞いて、みなさんの頭には何が思い浮《う》かぶでしょうか。オーロラが見られて、サンタクロースのいる北国。おしゃれな家具やデザインで有名な国。ムーミンやマリメッコの国。社会福祉《しゃかいふくし》や男女平等が進んだ、国民の幸福度が高い国。日本で伝えられる北欧の主なイメージはこんなところでしょうか。

私が最初に興味をもったのは北欧のデザインで、20年ほど前に友人に誘《さそ》われて行ったフィンランドの建築家アルヴァ・アールトの展覧会がきっかけでした。ある図書館の内装を再現した展示があったのですが、木製の天井が波打つように曲線を描《えが》いていたのに驚《おどろ》きました。後に曲線はアールトのデザインで重要な要素であることを知るのですが、その時は何もわからないまま、それでもいつかこの人の建築を生で見てみたいと思ったのでした。北欧に行きたかった理由はもうひとつあって、趣味《しゅみ》で始めていたスウィングとよばれるダンスのレッスン映像を見ていた時に「この人に習ってみたい」と思ったのがスウェーデン人の先生だったのです。

はじめて北欧を旅したのは２００５年の夏でした。一番の目的はフィンランドでアールトの建築を見てまわること。そして憧《あこが》れの先生が参加していたスウェーデンのダンスイベントに行くこと。家具やインテリアデザインにも興味があったのでデンマークもまわり、せっかくだからとノルウェーにも足を運び、結局2週間で北欧4カ国をまわりました。いまでこそ旅は仕事の一部となっていますが、最初はただ行ってみたかっただけなのです。

初めて北欧を訪れた時に感じ、いまも忘れない感覚があります。それは「海外に来ているのにあまり緊張《きんちょう》しない」こと。アメリカや他のヨーロッパを旅した時のような緊張感がなかったのです。治安が良いのはもちろんですが、例えばカフェに入って注文の仕方がわからない、バスの乗り方がわからないといった不安な場面で現地の人が急《せ》かすことなく、こちらのペースに合わせて待ってくれることにほっとしたのを覚えています。

北欧は、じつはおいしい

旅といえば、現地の味を食べるのは楽しみなものですよね。でも私が最初に旅した頃《ころ》は北欧にはおいしい物などない、とあたりまえのように言われていました。実際に訪れてみるとライ麦のパンやチーズなどの乳製品がとてもおいしくて、夏場は新鮮《しんせん》なイチゴ

フィンランドの首都、ヘルシンキの港前広場に並んだイチゴの屋台（筆者撮影）

やブルーベリーが屋台で安く売られているのが魅力的《みりょくてき》でした。確かにイタリアやフランスなどグルメで知られる国と比べると北欧の食文化は地味なのですが、市場で食べた魚のスープやニシンのソテー、クリームをたっぷり使ったグラタン料理など北欧ならではの素《そ》朴《ぼく》なおいしさは、きっと日本の人も好きになるんじゃないかなと思いました。そしてその知られざるおいしさを伝えたい、「北欧はおいしくない」という決めつけをなんとか覆《くつがえ》したい。それが私の初めての本となる『北欧のおいしい話』を書く動機となりました。

本の企画《きかく》が通った２０１０年には食をテーマに旅をしました。話題のカフェや伝統料理を出すレストランなど、とにかく食べ歩いてインタビューもしました。現地の人には「北欧の食について書くなんて珍《めずら》しいね！」とたびたび驚かれましたが、私が北欧ならではの味に興味があることを伝えると、喜んで協力してくれました。北欧の人はどこか日本人と似ているところがあって、シャイで口数の少ない人も多いのですが、食べ物の話は人との距離《きょり》をぐっと縮めてくれる力があるんだな、とその時に思いましたね。

北欧の「可愛い」には理由がある

さて北欧のデザインに話を戻《もど》しましょう。私の店では主に１９５０〜70年代に生産された食器や布など、家庭で実際に使われていた生活道具を売っています。なぜ新しい物ではなく古い物を選んでいるかといえば、その時代のデザインがとくに可愛いと思うからです。見るだけで楽しい気分になり、手にとり使いたくなるデザインが多く、自分であれこれ使っているうち、友達にすすめる気持ちでお店をやってみようと思うようになりました。

北欧で可愛いデザインが生まれたのには理由があります。冬が長く、家の中で過ごす時間が多いため、日々使う物を美しくすることが暮らしを豊かにする、との考えが生まれました。また北欧は天然資源が限られています。そのため木材などの資源を最大限にいかせるように、長く使える質とデザインの良い製品を作る必要があったのです。こうした背景のもと第2次世界大戦後に暮らしが上向いていく中で、家具や日用品のデザインが花開きました。優れた製品が生まれるとともに、デザインをセンスよく部屋に取り入れるための講座や啓蒙《けいもう》活動も盛んに行われたそうです。

北欧の町を歩いていて楽しいのは、小さな普通《ふつう》の家でも素敵《すてき》なインテリアで暮らしていることです。友人の家を訪ねてもそう思いますし、北欧の家ではカーテンをしないことが多いので町中で通りがかった家の中を窓ごしに見ることができるのですが、可愛らしい部屋ばかりなのです！　建築家アールトの自邸《じてい》も見学しましたが、世界に影響《えいきょう》を与《あた》えた偉大《いだい》な建築家の家だというのにシンプルでこぢんまりとした空間で、でも照明や洗面台やドアノブなど隅々《すみずみ》にまで洗練されたデザインが行き届いていることにしびれました。

スウェーデンを代表するデザイナー、スティグ・リンドベリによるベルサシリーズのカップアンドソーサー。ストックホルムの蚤の市にて（筆者撮影）

もしみなさんが北欧で素敵な食器や生活雑貨を見つけたいと思ったら、ぜひ蚤《のみ》の市《いち》を訪れてみてください。もともと豊かではない国だった経験から北欧では物を大切に使う文化が根付いていて、蚤の市が盛んなのです。掘《ほ》り出《だ》し物《もの》に会えることもありますし、売り主の人から北欧のデザインやブランドについて話を聞けるかもしれません。ちなみに北欧はどの国でも多くの人が英語を話せます。

自分を支える言葉に出会う

旅に出ると、今後の自分を支えてく

れる価値観や言葉に出会えることがあります。私が気に入っているのは、スウェーデン人がよく口にする「ラーゴム」という言葉です。「ほどほど」「ちょうどいい」といった意味で、食事の分量から天気の話やインテリアの雰囲気《ふんいき》を表す時にも使われます。

ほどほど、なんて消極的に聞こえるかもしれませんね。でも多すぎず少なすぎない、自分や社会にとって「ちょうどいい」状態を知るのはこれからの時代を生きる上で必要な視点だと思うのです。自然から奪《うば》いすぎないために、また働きすぎたり無理をしすぎないためにも。私の場合は、自分が何を好きで、大事にしたいのかを考えるきっかけにもなりました。

日本にもラーゴムに通じる「足るを知る」という言葉があります。日本人と北欧の人々の考え方には共通する部分もあり、そのことに気づけたのも旅をして良かったことのひとつですね。

森百合子　Mori Yuriko

執筆活動を中心に、北欧の食やライフスタイル、デザイン、旅情報を発信。北欧ビンテージ食器と生活雑貨の店「Ｓｔｉｃｋａ スティッカ」を運営し、スタイリングも手がける。著書に『北欧のおいしい話　スウェーデンのカフェから、フィンランドの食卓まで』（スペースシャワーネットワーク）、『北欧おみやげ手帖　12年間の「これ、買ってよかった」』（主婦の友社）、『いろはに北欧　わたしに〝ちょうどいい〟旅の作り方』（ダイヤモンド・ビッグ社）などがある。公式サイト→hokuobook.com／ツイッターアカウント→@allgodschillun

「ひとり旅」は、〝地球最大の学校〟

地球の広報・旅人・エッセイスト
たかのてるこ

「うわ〜、この世にこんなに楽しい〝参加型の総合エンタメ〟があるなんて！　地球はドデカいテーマパークなんだなぁ！」

20歳《さい》のとき、初めて海外ひとり旅に出た私は、そのすべてが新鮮《しんせん》で目を見張った。360度、日本とはまるで違《ちが》う別世界。未知の人々、食べ物、街の雰囲《ふんい》気《き》や匂《にお》い……。旅する中、どれだけ沢山《たくさん》の人に道を教えてもらい、「サンキュ〜、ベリベリマッチ!!」「ハハハ！　ハヴァ　ナイス　トラベル（よい旅を）!!」と手を振《ふ》り合《あ》ったことだろう。

思えば、学生時代の私は「生きている実感」がなく、モンモンとしていた。将来のことが不安で、自分の外見にも内面にも不満タラタラで、人と比べてばかりいた日々……。

デビュー作『ガンジス河でバタフライ』より

でも、そんな〝劣等感《コンプレックス》の塊《かたまり》〟だったおかげで、「自分を変えたい！」と旅立つことができたし、欠点としか思えなかった〝方向オンチ〟のおかげで人に道を聞くキッカケができ、現地の人と笑顔を交わすことができたのだ。ありったけの勇気を振《ふ》り絞《しぼ》って、ひとり旅に出たことで、生まれて初めて「自分の欠点は全部、長所なんだ！」と思えるようになった喜びといったらなかった。

あぁ、いつか、地球の素《す》晴《ば》らしさを伝える係になれたらなぁ……！　そんなことを夢見た私は、就職しても旅をあきらめなかった。そして、映画会社に勤める傍《かたわ》ら、年イチで海外旅に出るうち、紀行エッセイ本デビューを果たすこともできたのだ。

　ところが、仕事は年々多忙《たぼう》になり、旅立てるのは数年に一度っきりに。いつしか私は「〝今の自分〟のままで死にたくない」と思うようになった。生まれたからには、人は必ず死ぬ。でも、自分らしく生きられず、自分を好きになれないまま死ぬなんてイヤだ！考えてみれば、お金や、地位、学歴、美貌《びぼう》があっても、幸せじゃない人はゴマンといる。そう思うと、人間にとって最大の不幸は「自分を好きになれないこと」で、最大の幸せは「自分を好きになること」なんじゃないか……？

　心底そう思った私は、命綱《いのちづな》なしのバンジージャンプを飛ぶような気持ちで、18年間勤めた会社を辞《や》めた。

　以来、国内外を旅する傍ら、旅で学んだことを大学でも教えるようになったのだが、あるとき、教え子から「生きる意味が分からない」と打ち明けられた。その悩《なや》みが他人《ひと》事《ごと》ではなかった私は、彼《かれ》に前向きな心が湧《わ》いてくるような文章を書きたいと思ったのだ。今後の自分自身のためにも。

「わたしは、なぜ生きてるの？」から始まる文章は、シンプルな問いと答えが交互《こうご》に現れる形で進んでいく。


「生きるって、なに？」「それは、自分をまるごと愛すること」

「自分をまるごと愛するって？」「それは、自分を大事にすること」

「自分を大事にするって？」「それは、幸せになること」

「幸せになるって？」「それは、自分をイジメないこと」

「自分をイジメないって？」「それは、人と比べて、自分をダメな人間だと思わず、毎日、自分を抱《だ》きしめること」

「人と比べて、自分をダメな人間だと思わず、毎日、自分を抱きしめるって？」……。


この文章を教え子に贈《おく》ったところ、「いつも母親に『人に迷惑《めいわく》をかけるな』と言われ、誰《だれ》にも助けを求めることができなかったけれど、『迷惑をかけてもいい』という言葉で救われました。今後、本当に助けが必要なときには、誰かに助けを求めようと思います」という手紙をもらい、ハートに火がついた。今まで紀行エッセイ本を沢山書いてきたけれど、より大きなテーマ「生きる意味」を伝えたい一心で、文章に世界旅で撮《と》った写真をつけ、『生きるって、なに？』という一冊の本にしたのだ。

この本をキッカケに、講演する機会が急増。講演後のサインハグ会で人生相談をされるようになり、悩める人の心にもっと寄《よ》り添《そ》える本が作りたい！　という思いがあふれ、誕生した本が『逃《に》げろ　生きろ　生きのびろ！』だった。

この書名にしたのは、私自身、逃げて、生きのびることができたからだ。人生で幾度《いくど》となく「自分なんて消えてしまいたい……」と落《お》ち込《こ》み、うつ状態まで追《お》い詰《つ》められても、誰も「逃げなよ！」とは言ってくれず、自分を責めてきた。だからこそ、「自分に劣等感を抱《いだ》かせるような人や場所とは、縁《えん》を切って（or距離《きょり》を置いて）逃げていいんだよ！」と伝えたかったのだ。

振り返れば、「自分を守るため」に、いろんな場所やいろんな人から逃げてきた。でも、そもそも、アフリカで生まれた人類が旅を始め、世界中に広がっていったのは、「今いる場所」が何かしら居心地が悪かったからだ。「おいしいものが食べたい！」「暑い（寒い）のが嫌《いや》だ」といった希望、災害や人間関係の悩み……その時々の理由がなんであれ、生まれた場所が最高の居心地なら、故郷から旅立つことはなかっただろう。「生きのびるために逃げる」のは、言い方を変えれば「理想の場所を求めて旅立つ」前向きな生き方なのだ。

会社を辞めて、私はようやく、自分のことを大事にできるようになり、過去のすべてに感謝できるようになった。そして、人間の普《ふ》遍《へん》的で根源的なテーマの本を書かせてくれたのも、旅で出会った人たちの存在だったのだ。

今思い返すと、人生の岐路《きろ》に立ったときに「ワクワクする！」方を選ぶことができたのは、学生時代、初めて海外ひとり旅に出たことがキッカケだったと断言できる。勇気を出して〝初めの第一歩〟を踏《ふ》み出《だ》したことで、自分自身を縛《しば》っている〝限界のストッパー〟を外す感覚が得られた、といえばいいだろうか。「こんなこと私にできるわけがない」とか「これができない私はダメなんだ」とか、自分自身に制限（＝呪《のろ》い）をかけることは、全部〝自分イジメ〟なんだと、気づくことができたのだ。

旅に出ると、生きることのひとつひとつに、ハンパない達成感が得られるようになる。たとえば、列車のチケットを買うにしても屋台で注文するにしても、初めはイチイチ戸《と》惑《まど》って現地の人に聞きまくるものの、翌日には難なくクリアできるようになっている自分がいて、毎日「私、やればできるじゃん！」と自分をほめたくなる瞬間《しゅんかん》の連続なのだ。

何が素晴らしいって、日常では、学校でも会社でも、先輩《せんぱい》・後輩《こうはい》や上司・部下等、何かしら上下関係があるけれど、海外ひとり旅に出れば、年齢《ねんれい》や肩書《かたが》きなんか関係なく、〝ひとりの人間〟として、〝同じ人間〟として、フラットに人と出会えることに尽《つ》きる。

そして、ニュースで知る世界はとてつもなく恐《おそ》ろしく感じられたのに、〝実際の世界〟は優しさに満ち、旅先で本当に困ったときには、必ず助けてくれる人がいた。言葉や宗教が違っても「みんな、同じ地球で、同じ時代を生きる仲間なんだ！」と思わせてくれたひとり旅は、どんな学校よりも生きる術《すべ》を学ばせてくれた、〝地球最大の学校〟だったのだ。

私の思いは今も、初めて旅したときと同じだ。デビュー作の『ガンジス河でバタフライ』にも書いたのだけど、「世界中、どんな人も毎日、自分と同じように、ごはんを食べて、うんこして、寝《ね》て」を繰《く》り返《かえ》していて、「やっていることは同じ」だという事実。
みんな、生まれてから死ぬまで、思い出を作り合っているだけなのだ。それならば、いろんな人と、いろんな場所で、楽しい時間をシェアしたい。やりたいことは、ただ、それだけだ。

〝未知の自分〟と出会うには、〝未知の体験〟をする以外にない。

自分を見失ったときには、私はまた、ひとり旅に出るだろう。自分自身を、この世界を、好きでいるためにも！

流しの音楽家のおっちゃんと（『純情ヨーロッパ』より）

仲良くなった家族と♪（『キューバでアミーゴ！』より）

たかのてるこ Takano Teruko

「世界中の人と仲良くなれる！」と信じ、７大陸・70カ国を駆ける旅人。ベストセラー『ガンジス河でバタフライ』（幻冬舎文庫）は〝旅のバイブル〟として広く支持され、ドラマ化もされ話題に。大学の教え子の悩みから生まれ、口コミでシリーズ累計12万部超の『生きるって、なに？』（テルブックス）ほか、『ダライ・ラマに恋して』『キューバでアミーゴ！』（以上、幻冬舎文庫）、『純情ヨーロッパ』『人情ヨーロッパ』（以上、ダイヤモンド社）など著書多数。全国での講演、メディア出演、大学講師など、幅広く活動中。

公式サイト→takanoteruko.com ／ツイッターアカウント→@takanoteruko

『生きるって、なに？』
『逃げろ　生きろ　生きのびろ！』
（テルブックス）

温泉ひとり旅

松本英子《まつもとえいこ》　漫画家

初めてひとり旅に出たのは21歳《さい》の春でした
今から約30年前のことです
当時の私は精神的にどん底でした。いろんなことがうまくいっていなかったのです
望む状況《じょうきょう》からかけ離《はな》れたところにいる情けない自分はなにをしてもどうせ楽しめるわけはない…と思っていましたが
…ふと…
旅ならしてみたいなひとり旅…ひとり旅だ…
行き先に選んだのは長野県にある田《た》沢《ざわ》温泉
旅館がほんの数軒《すうけん》、共同浴場が一軒あるだけのとても静かな山《やま》間《あい》の湯です
たまりや旅館
ますや
子供の頃《ころ》から鄙《ひな》びた温泉が好きだった私の素直《すなお》なセレクトだったのですが
こんにちは

ひとりでここに？
千葉からはるばる？
へぇ〜
へえー
地元の方
若い女の子が！
客筋としては珍《めずら》しがられました。つまりそのくらい素《そ》朴《ぼく》な雰《ふん》囲《い》気《き》の湯《とう》治《じ》場《ば》なのです
サー…
サー
サ
サー
沢の音がすごいでしょう
静かすぎてこれしかきこえないわ…
うるさいわよね
サー…
サー
うるさいでしょう？
いいえ私、これ好きです
サー…
いい音です
この土地の音私の旅の音
にこ
お宿の大浴場にて
なんと
私しかいない…
広いお風呂の
貸切か…
…

もし
いろんなことが うまくいっている 自分であったら
今このとき もっと はればれと 何十倍も 楽しいのに
松
松
松
松
田沢の ぬるい ほんのり硫黄《いおう》の においのするお湯は
だれ 分けへだてなく この私にも ひじょうに やさしい

私は
自分のことを
どんなにひたすら非難し続けているか
このときまざまざ感じとったのでした
静かな静かな大浴場で
かけ流しであふれる湯の音だけがかすかにずっときこえていました
湯の、なにげない話でもきいているかのようでした
外では…あの沢の元気な声がしてるんだろうな
にこ
翌日 春の陽《ひ》のそそぐ草むらの中を散歩
このことでつらい気持ちが無くなったわけではありません（実際つらさから抜《ぬ》け出《だ》せたのはそれから何年も経《た》ってからでした）
でもどうやら旅先というのは自分を見つめるきっかけがわりと潜《ひそ》んでいる、という発見が私を楽しくさせたのです
30年経った今も旅先でハッとすることがほぼ毎度あります。それが私の旅の喜びのひとつになっています

松本英子

Matsumoto Eiko

１９６９年千葉県生まれ。著作に『謎のあの店』全３巻（Nemuki＋コミックス）、『局地的王道食』全２巻（講談社ワイドＫＣ）、『旅する温泉漫画　かけ湯くん』（河出書房新社）、『49歳、秘湯ひとり旅』（ソノラマ＋コミックス）などがある。ツイッターアカウント↓＠matsumotoeiko

II

想定外こそ旅の楽しみ

WORLDLY WISDOM
FOR 14 YEARS OLD

天才でないあなたへ

ノンフィクション作家
高野《たかの》秀行《ひでゆき》

これを読んでいるあなたは天才ではないと思う。私がそうであるのと同じように。

天才でない自分がどのようにこの世界で生きていけばいいのか考えるようになったのは19歳《さい》、大学1年生のときだった。大学の文学部に入ると、そこは天才のたまり場だった。少なくとも当時の私にはそう見えたし、彼《かれ》らが自分とは比べものにならないほど頭がよくて人間的にもかっこよかったことは間違《まちが》いない。

ジャズ好きでトランペットを吹《ふ》きながら文学を論じるやつ、当意即妙《とういそくみょう》の返しでみんなを笑わせる哲学《てつがく》好き、1日8時間修行のように本を読む作家志望のやつ、「太宰治《だざいおさむ》」という偽名《ぎめい》を使ってバーで女の子を口説くのを趣味《しゅみ》としていた自称《じしょう》詩人……。

しかも彼らは学校の成績も私よりはるかに上だった。英語でも文章力でも適《かな》わなかった。

――こんな連中とどうやって渡《わた》り合《あ》っていけばいいのか？

と途方に暮れたものだ。私は文学も哲学も詩も知らなかったし、楽器もできなかったし、女の子を口説くどころかデートをしたことさえなかった。頭の回転も遅《おそ》く、喋《しゃべ》るのも下手で面白いことが何も言えなかった。

私はなす術《すべ》もなく、彼ら天才グループのあとを金魚の糞《ふん》のようにくっついて歩いていた。

そんな状況《じょうきょう》を一変させたのは1年生の春休みのインド旅行だった。私は大学の探検部に所属していたが、全く残念なことに、ここでも何をしたらいいかわからず、半ば幽霊《ゆうれい》部員と化していた。春休みに他の1年生たちは先輩《せんぱい》たちに連れられ、タイの山岳《さんがく》地帯やチベットの遊牧民の村へ出かけていた。私はすることもなく、でも探検部にいる以上、最低インドの一人旅ぐらいしないと退部させられてしまうという、誠に消極的な理由で初めての旅に出かけたのだった。

インドの旅はあまり楽しくなかった。まず、どこへ行っても現地の人に騙《だま》された。親切な人が現れて市場を案内し、しまいには一着1万円もするインド服を５０００円に値切ってくれた。「なんていい人なんだろう！」と感動していたら、その服は一着１０００円もしないことが判明したりした。日本の大学でもみそっ子みたいな奴《やつ》が有《う》象《ぞう》無《む》象《ぞう》の集まるインドの観光地に行けば、いいカモにされるのも当然なのだった。

食べ物も口に合わなかった。辛《から》すぎるのである。ほとんどの料理に唐辛子《とうがらし》が入っていた。私が子供の頃《ころ》、日本の一般《いっぱん》家庭では唐辛子をほとんど使っていなかったから、私は全く辛さになれていない。ちょっとでもピリ辛の味つけは舌が火傷《やけど》したかのように痛み、私は舌を伸《の》ばしてコップの水に何十秒もつけた。その水は安全でなく、後でひどい下痢《げり》になった。

しかし、最悪の事態はその後にやってきた。友だちを装った詐欺師《さぎし》に貴重品袋《ぶくろ》を丸ごと盗《と》られてしまったのだ。パスポート、お金、帰りの飛行機のチケットを全部失った。ポケットには小銭が３００円程度あるだけだ。当時、インターネットはまだない。日本と連絡《れんらく》をとる方法もない。

ショック死しそうになったが、前に博物館で知り合った現地の小学生の家を訪ね、事情を説明したところ、家に泊《と》めてもらえることになった。家といっても、博物館のスタッフ専用のコンクリート造りのアパートで、おそろしく狭《せま》くて質素だった。

３畳間《じょうま》ぐらいのスペースに父親と息子３人が暮らしていた。家具は何一つなく、猛暑《もうしょ》なのに扇風機《せんぷうき》もなかった。朝晩は豆のスープとチャパティというパンをいただき、夜はその一家の４人と並んで、コンクリートの床《ゆか》にごろっと転がってマグロのように寝《ね》た。

私は毎日そこから日本領事館、警察、銀行、航空会社などを訪ねた。バスに乗るお金もないから炎天下《えんてんか》の中、ひたすら歩いた。そして、行く先々で自分があったトラブルについて詳《くわ》しく説明した。領事館以外はすべて英語である。

航空会社では航空券の再発行を頼《たの》んだが、窓口であっさり「ダメだ」と言われた。日本での私だったらすぐに諦《あきら》めたはずだが、今はそうはいかない。それでは日本に帰れない。毎日通って「再発行」を訴《うった》えたら、そのうち窓口の係員が「俺《おれ》にはできないから、上司と相談してくれ」と言って上司を紹介《しょうかい》してくれた。上司に相談すると、その人も「俺もできないから上司と相談してくれ」と言われた。それを何度も繰《く》り返《かえ》していたら、いつの間にか、副社長と面会していた。

副社長はこんなことを言った。「私はボランティアで先月、日本人学生を２人うちに泊めたが、彼らは英語が全くダメで何を言ってるのかさっぱりわからなかった。でも君の話はとてもよくわかる」

それはそうだ。なにしろ私には言いたいことがある。「日本へ帰りたい、航空券を再発行してほしい」というはっきりした希望がある。それに詐欺の込《こ》み入《い》った手口について警察や航空会社などで説明しているうちに英語がどんどんうまくなっていた。

「航空券のことは心配しなくていい。それから君、うちに来て泊まりなさい」と副社長は言った。夢のような展開だ。

しかし、結果的には副社長の家に厄介《やっかい》にならなかった。翌日、領事館に行くと、私宛《あて》の書留郵便が届いており、その中にパスポートと航空券が入っていたのだ。当時のインドでは、日本人のパスポートも航空券も闇《やみ》のマーケットで高く売れると言われていたから驚《おどろ》くほかない。あの詐欺師はいい奴だったのか！　これには領事館の人も、インドの人たちもみんな「ありえない」とびっくりしていた。

気づけば一文無しになってから2週間が経《た》っていた。私は居候《いそうろう》先のアパートにすっかり馴染《なじ》んでいた。そこに住む人たちはみんな親切だった。お金がない私に果物やお菓《か》子《し》をくれた。私は誰《だれ》かに会う度《たび》に「ナマステ（こんにちは）」とあいさつしていたら、「ナマステワーラー（こんにちは屋さん）」というあだ名がついた。こっちの顔を見ると、「ナマステワーラー、元気？」とにこにこするのだった。

　インドは日本とは比較にならない格差社会である。だから裕福《ゆうふく》な人からは多少強引な方法でお金をもらってもいいが、貧しい人は世話をしてあげなければいけないという考え方がある。この貧困アパートでは私がいちばんの貧乏人《びんぼうにん》だったので、大事にしてくれたわけだ。インド人はみんな泥棒《どろぼう》か詐欺師だと思っていたが、思い違いもいいところだった。私はインドがとても好きになっていたし、世界の見方が１８０度変わった。

　予定から半月ほど遅《おく》れて、帰国した。大学へ行って天才的な友人たちにインドの旅について話した。私は真っ黒に日焼けし、やせこけ、目だけがギラギラ光っていたと思う。彼らは「おまえ、すげーじゃん！」と驚いていた。なんだか眩《まぶ》しそうな眼差《まなざ》しでこちらを見ていた。以前の私が彼らに向けていたような眼差しだ。彼らは頭もよく知識もあるかもしれないが、私の実地経験に比べたら何でもない。

私の目にも、この天才グループは優秀《ゆうしゅう》だけどまだ幼く見えた。なにしろ、こっちはついこの間まで彫《ほ》りの深いインド人のおやじたちと戦っていた。英語であーだこーだと怒《ど》鳴《な》りながら交渉《こうしょう》をし、意気投合してはガッと握手《あくしゅ》を交わしていたのだ。

ここで私は悟《さと》った。自分の生きていく方法を。外国は日本人の想像を超《こ》えたことが起きるワンダーランドだ。それを知識でなく自分の体験を通じて知る。視覚や音だけでなく、匂《にお》いや味や感触《かんしょく》で探っていく。それだけが天才でない自分が天才たちと渡り合う唯《ゆい》一《いっ》にして最適な方法なのだ。この気持ちは、以後30年以上世界中を歩き回り、ネット全盛期の現在でも変わらない。

旅は人を天才にはしないが、天才と戦う武器を与《あた》えてくれる。

天才でないあなたへ。旅に出よう。

高野秀行

Takano Hideyuki

1966年東京生まれ。〝誰も行かないところへ行き、誰もやらないことをやり、それを面白おかしく書く〟がモットー。『未来国家ブータン』『謎の独立国家ソマリランド』（以上、集英社文庫）、『謎のアジア納豆　そして帰ってきた〈日本納豆〉』（新潮社）、『辺境メシ　ヤバそうだから食べてみた』（文藝春秋）など著書多数。ツイッターアカウント↓@daruma1021

世界のパンが待っている

山本《やまもと》あり　漫画家・イラストレーター

みなさんこんにちは
パンが大好き
漫画《まんが》家《か》の山本ありです
あ〜〜世界中の
パンが食べてみたい!!
この一心で世界中を
巡《めぐ》っております
その数
20ヶ国以上!
フィンランドで食べたのは
日持ちするライ麦パン
珍しい形
まっくろ!
寒い冬を越すため
保存食を作る習慣《しゅうかん》があり
そこから生まれた
ひ〜〜〜
酸《す》っぱい!!
メキシコでは夜に
菓子《かし》パンを食べる
習慣があり、夕食後
デザートを頼《たの》んだら
菓子パンがやってきた
ここから
選んで
めちゃくちゃ
甘い
台湾《タイワン》ではバターの代わりに
ピーナッツバターを使う
食文化があるからか…
ピーナッツバター入り
ハンバーガーがある
甘《あま》じょっぱくて
おいしい!!
意外!

フランスはバゲット（フランスパン）の本場。いたる所にパン屋が！
ここは天国か…
おいしすぎて1日10軒ハシゴ
BOULANGERIE
気温、湿度《しつど》、文化、食習慣の違《ちが》いで味も扱《あつか》いもこんなに違うんだ——
世界のパンがこんなにおもしろいなんて旅をしなかったらわからなかったです
なかでも衝撃《しょうげき》だったのが
スリランカ
インド
インドの真下
カレーやスパイス料理をよく食べる国
パン屋には惣菜《そうざい》パンの種類が豊富！
よし！色々食べてみよ〜♡
Sambol Bun
（サンボルバン）
コッペパンのような生地
カレー味のサンボル（スリランカ風ふりかけ）が入っている
スリランカはやっぱりカレーパンおいしい！

魚カレー入り
Fish Bun
(フィッシュバン)
これもカレー味だったか
おいしいからいいけど
Vege Samosa
(ベジサモサ)
揚《あ》げパン
野菜をカレー味に調理した具が入っている
あれっ またカレー…
まさかピザもカレー味なんじゃ…
なんてこった
スリランカの惣菜パンは
全部カレー味!

パンというのは
なんて自由で
おいしいんだろう
もぐもぐもぐ
だから
色んな国で
パンを食べるの
やめられない
世界中で
新たなパンと
出会い、
ますます
パンの魅力《みりょく》に
はまっていく
好きだったものが
もっと好きになる
それが旅をする
素《す》晴《ば》らしさなのです

喫茶店で紅茶とパンを食べる男性。トレイから食べたパンをさし引いてお会計をする

「エリーゼのために」を流しながら走るパンの移動販売

食パン専門パン屋

（全て筆者撮影）

山本あり Yamamoto Ari

東京都出身。「食」が好きすぎて高校在学中に調理師免許を取得。『世界ぱんぱかパンの旅』北欧編・ロンドン編（イースト・プレス）、『パンは呼んでいる』（ガイドワークス）など食や旅をテーマにした著作多数。最新刊は『アメリカ横断　我ら夫婦ふたり旅』（産業編集センター）。ツイッターアカウント→@yamamoto_ari

学芸員は今日も旅に出る

学芸員
藤村里美《ふじむらさとみ》

美術品と一緒に

時間が出来れば「どこか遠くに行きたいな」ということが頭に浮《う》かぶので、おそらく人よりも旅が好きな方なのだろう。旅好きになったきっかけは、子どもの頃《ころ》は家族で旅行に行くことが多かったこと、また臨海学校や林間学校の多い学校に通っていたことが影響《えいきょう》しているのだと思う。大学の進学先を考える時に「観光学科」が頭をよぎったこともあったが、結局美術史を学び、現在は美術館で働く学芸員という職についている。

あまり学芸員という職業が旅に関係があるとは想像できないかもしれないが、ほかの職種と比べて仕事の役目としても、旅は多い方だろう。

仕事の上で旅行に行くので、「旅」というよりも「出張」という方が正しいのだと思うのだが、学芸員が旅に出るのには大きく2つの目的がある。

1つは「調査」。国内の他の地域や海外にある美術館の収蔵作品や資料を見せてもらうことである。美術館だけではなく、大学や画廊《がろう》、個人のお宅に伺《うかが》うこともあるし、アートフェアやブックフェアに行くこともある。そこで作品の状態を調べ、借用する相談をする。

2つ目はあまり知られていないが、私たちが「クーリエ（Courier）」と呼ぶ仕事である。クーリエとは普通《ふつう》は団体旅行の添乗員《てんじょういん》、という意味に使われるが、簡単に説明すると「美術品の添乗員」である。この場合2つのケースがある。展示のために他の美術館の作品を借りに行く場合、自館に所蔵している作品を送り届ける場合。

概《がい》して他の美術館の作品を借りる際、国内の館間の場合は借りる側が取りに行き、海外の館間の場合は作品を学芸員が送り届けるケースが多い。なぜなら国内の場合は、お互《たが》いにファシリティ・データ（温湿度《おんしつど》の設備とか防犯態勢など施設《しせつ》の状況《じょうきょう》のこと）が分かっていることが多いので、貸す側の学芸員が展示施設の確認のために、借りる側の館まで来る必要はほとんどない。しかし、海外の場合はお互いにそこまで理解し合っていないので、貸す側の学芸員が作品と一緒《いっしょ》にくっついていき、実際にどんな部屋で展示されるのか、というところまで確認をしなければいけないからだ。

　仕事とはいえ美術品と一緒に海外までいく機会があるなんて優雅《ゆうが》、と思われるかもしれないが、これがなかなかタフな旅である。普通の旅と違《ちが》うのは美術品に「くっついて」いくこと。同じ飛行機に乗るのはもちろん、空港に行くまでの陸路のトラックにも同乗していく。

　トラックに同乗していくことを通称《つうしょう》「ハコ乗り」という。選挙カーや暴走族の人が上半身を車体から出して乗ることとは違って、座席にきちんと座ってシートベルトをして乗っている。ただ助手席に乗ることはほとんどなく、後部座席に乗ることが多い、と言葉で説明しても難しいと思うのだが、美術品を運ぶ車は特別に改造しているので7人乗りくらいになっている（よく長距離《ちょうきょり》トラックの運転手席の後ろにある寝台《しんだい》スペースに入っているのか、と聞かれるのだがそれはない）。むしろ余裕《よゆう》があるのでゆったりと座れるが、終日トラックに乗ることも多いのでお尻《しり》が痛くなる時はある。

長時間乗っているので、本を読むこともある。同業者の猛者《もさ》にはその中で展覧会のための原稿《げんこう》を書く人もいるらしいが、車体はふつうの車よりも揺《ゆ》れるので慣れないと酔《よ》う。ただ展覧会の準備で残業が続き寝不足《ねぶそく》であることも多く、ドライバーの方には大変申し訳ないのだが、よく寝てしまう。

美術品の安全のために、できるだけ飛行機は使用せずにトラックで運ぶために、国内であったら沖縄《おきなわ》以外はトラックでいく。大事なものを運んでいるので制限速度は順守するし、ドライバーの健康や労働管理の問題もあるので2時間に1回は休憩《きゅうけい》を行う。そうすると1日では8時間走行が限度で、東京から関西にいくのが精いっぱいである。

ハコ乗りの楽しみは、国内であったらサービスエリアや道の駅で休憩すること。普段、自分では行かないような場所にいくので、時間があればその場所の珍《めずら》しい、新鮮《しんせん》な食べ物を食べたり、買ったりする（最近のヒットは鈴鹿《すずか》のサービスエリアで見つけた「タイヤカス　さきいか」。イカ墨《すみ》が練《ね》り込《こ》んであり、見かけはえぐかったがなかなか美味《おい》しかった）。

旅の食事の秘訣《ひけつ》

ハコ乗りの時だけではなく、旅する時には、その土地のものを食べるという楽しみがある。クーリエの場合、大概《たいがい》はひとりで食事することになる。時差で体調が悪い、言葉が通じないというような時もあり、外で食事するのが億劫《おっくう》に思う時もある。でもホテルの中で過ごすのではなく、できるだけ外で食事するようにしている。私はお店を事前に調べたりせずに、ホテルの人に聞く。その方が雰囲気《ふんいき》のいい、おいしいお店にたどり着くことが多い。

島根県のある親切なお店の出来事だが、飛行機の時間があり、コース料理（そんなに豪勢《ごうせい》なものではないが、ひとりでもいろいろなものが食べられるので）の最後の料理までいかずに、会計を頼《たの》んだら、それでは申し訳ないとカレイのから揚《あ》げをお土産《みやげ》に持たされた時もあった。飛行機の荷物検査の時にちょっと恥《は》ずかしかったが、自宅に持ち帰って美味しくいただいた。

たまに、周りのお客さんやお店の人と話をすることもある。そこのお店のお勧《すす》め料理を教えてもらうことも、お裾分《すそわ》けしてもらうこともある。ひとりで黙々《もくもく》と食べるより、やはり誰《だれ》かと話しながら食べた方が楽しいので、タイミングがあったら誰かに話しかけることにしている。

またパリでの事だが、その時はひとりでなく女性のアーティストと一緒だった。ふたりで白ワインをボトルで頼んで、お互い注ぎながら飲んでいたのだが、隣《となり》のふたりづれの紳士《しんし》が「女性がワインを注いではいけません」と言って、ずっとサーブをしてくれた。そういう出来事があると、もともと牡蠣《かき》が安くて美味しいお店だったのだが、とてもいい印象が残っていてまた行ってみたい、と思う。ただ残念ながらもう10年以上も前の話なのでお店の名前も覚えていないのだが。

機内持ち込み必需品！

旅にはアクシデントがつきものだが、出張で海外の飛行機に乗る場合に1つだけ心がけていることがある。仕事に必要な書類と1泊《ぱく》分の着替《きが》え、お弁当を必ず機内持《も》ち込《こ》みをすること。だから普通より荷物が多くなってしまい、機内持ち込みの制限ギリギリの小型スーツケースをコロコロ引いていくことになる。一度ポルトガルで預けたスーツケースが受け取り口から出てこなかった。その時も書類と1泊分の着替えだけは持っていたので事なきを得た。やっとスーツケースが出てきたのが帰国の前日で、航空会社から「マダムは明日帰国だから、スーツケースは空港で渡《わた》せばいいか」と言われたので「友人に頼まれた日本からのお土産が入っているのでホテルに持ってきてもらわないと困る」と文句を言ったことがあった。

お弁当は一度ひどい目にあってからだ。ニューヨークで大雪になってしまい、飛行機が離《り》陸《りく》できずに3時間以上遅《おく》れたことがあった。ヒューストンに到着《とうちゃく》し、やっとホテルに入ったのだがその時は夜中になってしまっていた。ホテルでルームサービスを頼もうとしたら、24時間営業ではなくオーダーができなかった。周りにコンビニのようなお店もなく、日本から持ってきていた柿《かき》の種《たね》をかじり、ひもじい思いをして寝る羽目になった。それ以来、サンドイッチやおにぎり（成田から出発する時には茶巾《ちゃきん》寿《ず》司《し》を買う）を持って機内に入ることにしている。

旅することが多いので、人からどこの国が旅行にお勧めかと聞かれることが多い。その時はポルトガルと答えている。アクシデントのあった場所だったが、イタリア料理ともフランス料理とも違う、ポルトガル料理の素朴《そぼく》な味付けがとても美味しかったし、比《ひ》較的《かくてき》治安のよいところなのでひとりで出歩くのも楽しかった。ジャカランダという紫《むらさき》色の花を見ながら、イワシの塩焼きを食べたことは、スーツケースが出てこなかったことを上書きするいい思い出である。

若い方に伝えたいことは、旅先は自分の住んでいる場所よりも不便であり、快適でないことも多い。でも実際に行ってみないとわからない。歳《とし》を重ねていくと時間の制約が多くなってしまう。ぜひその前に思いつく場所に行ってみることをお勧めする。

藤村里美 Hujimura Satomi

東京生まれ。東京都写真美術館学芸員、玉川大学非常勤講師。多摩美術大学美術学部芸術学科卒業。草月会文化事業部（草月美術館）を経て2002年より現職。専門は日本近代写真史。主な担当展覧会は「『光画』と新興写真」展など。

さらば飛行機　ようこそトラブル

中島《なかじま》悠《ゆ》里《り》　イラストレーター・漫画家

2014年6月夜中1時
私はパリの
ホテルで
震《ふる》えていた
グスン
グスン
帰りの飛行機を
逃《のが》してしまったのだ
うっ
うっ
ストライキで
電車が遅れる
進まない…
空港着いた頃《ころ》には
飛行機出発
NOOO!
航空会社の
受付営業終《しゅう》了《りょう》
CLOSE
ホテル取って
今にいたる
きれいな
景色見て
サグラダ・
ファミリア
美味しいもの
食べて
うま〜
とても楽しい
旅……
ノートル
ダム
……の
最後がコレ!!
待ってぇ
ゴォォ
乗せてぇぇ

さらに航空会社の24時間受付への電話がつながらない
なんでー!?
ププーププー
ハッ…
日本はパリより時差プラス7時間…
日本現在AM8時
日本の窓口に国際電話したら早いのでは…??
ニョキ
よっしゃ開いてる!!
○○航空
営業時間
午前8:00〜午後
TEL
○-○○○○
かけた
ハッ
プルル…
はい、○○航空 窓口 スズキでございます
あのし…飛行機逃《のが》してチケットを取り直したいのですが…
搭乗便《とうじょうびん》 変更《へんこう》ですね? かしこまりました
へへ…

明日、昼の便はいかがでしょう？
ではそれで…あの…ちなみに…お代はいかほど…？
5万…？
10万…？
※お客様のチケットはオープンチケットなのでキャンセル料などはかかりません
!!!
知らずに取ってた
※
出発後に帰国便の変更が可能なチケット
オカネ…カカラナイ…
トテモ…ウレシイ…
高額だったらどうしようと怯《おび》えてましたがこれで安心して眠《ねむ》れます…
フフ
そうなんですね
ありがとうございます…
ではゆっくりお休みくださいね…
スズキさぁ〜〜〜ん!!

こうして無事チケットが取れ
翌朝
太陽がまぶしいぜ!!
ゴオオオオ
清々しい気持ちで帰国した
トラブルはつきものだけど
は〜 帰ってきた〜
無事帰りつけば全ては思い出に変わるので
旅はとにかく楽しいですよ!!
ヒャフーイ!!
私は次モンゴルに行ってきま〜す!!

中島悠里
Nakajima Yuri

兵庫県出身。学生時代の夏休みにバヌアツに行ったことが始まりで旅行にハマり、29歳の時にスペイン巡礼８００キロを歩いた漫画をＷｅｂで連載中。楽しい・面白い体験をレポ漫画にしてツイッターなどに上げている。ツイッターアカウント→@jimapahinasu

行ってみなくちゃわからない!!
@スペイン サグラダ・ファミリア
TRAVEL Have a nice trip
by.旅行記漫画家 トナカイフサコ
はじめまして トナカイフサコです
海外旅行が大好き!
行ってみたい観光地といえばどこがありますか?
エッフェル塔
マーライオン
ピサの斜塔
万里の長城
私の場合は…
スペインのサグラダ・ファミリア!
有名だから見ておきたい
天才建築家ガウディが設計したスペインの教会
なんと着工から約130年経《た》った今もまだ建設中…
長っ…
写真で見ると…
ごちゃごちゃしててグロテスクだなー
ごちゃあ
ガウディってサイケデリックな奇《き》才《さい》だったのかな
芸術は爆発だー!!
…というイメージでした

どーーん
実際に行ってみると…
高さ172m (40階建のビルぐらい)
思ったよりでかい!!
そして…思ったよりシンプル
聖書のワンシーン→
きっちり整ってるし彫刻《ちょうこく》もキレイ…
写真では縮小されてたからごちゃごちゃに見えたのか
自然がモチーフでむしろ癒《いや》し系…
きゅっ
中に入ると

……おお……
そうごーーん‥
見たことない祭壇《さいだん》
キリスト像が浮《う》いてる…
見たことないステンドグラス
光の色がめちゃキレイ…
ガウディって…こんな美しいものを作る人だったんだ…
勝手に変人扱《あつか》いして
ごめん

地下博物館の解説を読むと…
ガウディは敬《けい》虔《けん》なキリスト教徒でした
どうすれば神様は喜ぶだろう…
世界が平和になればいいのでは!?
…と考えたガウディは
平和への願いを込《こ》めて1882年サグラダ・ファミリアを作り始めました
これ…作るのに数百年かかりますけど…
いーのいーの!
ガウディは人生の後半をこの建設に捧《ささ》げました
……が
トン
カン
着工から44年経ったある日…
ミサ行ってきまーす
路面電車にはねられて
死。
つら…

ガウディの平和への願いを受《う》け継《つ》いで職人たちは今でも建設を続けています
あーかな
こーかな
建築家の中には日本人の方もいます
外尾悦郎さん
世界ではテロや戦争悲しい事件が絶えません…
しかしサグラダ・ファミリアが時を超《こ》えて作られているということは
トンッ
カンッ
カンッ
世界平和を願って行動している人たちが今この瞬間《しゅんかん》もこの世にいるということなのです…
ありがたいっ…！
号泣っっっ
ぶわわわっっ
ここに来るまでガウディの偉大《いだい》さはわからなかった…
ぐすぐす
来でよがっだ…！

旅のいいところは
こんな思わぬ発見が
あることです
ネットで
家にいながら
いろいろな情報は
見られるけど
わー
すごーい
実際に
行ってみると…
感動
ということも
え…
これの
どこが
いいの…？
私には
わからん…
ということも
あります
感性を磨《みが》き
自分で現場に
行って
自分の体で
体験して
自分の心で
感じることで
世界が広がるのは楽しいです
ほー
おお…

トナカイフサコ

Fusako the Reindeer

兵庫県出身。２０１６年に脱サラし、ひとり旅コミックエッセイをブログなどで連載。著書『はじめてフィンランド～白夜と極夜 ひとり旅～』（河出書房新社）は全国学校図書館協議会選定図書に。ツイッターアカウント→@fusakonomanga

叩《たた》けよ、さらば開かれん

エッセイスト
酒井《さかい》順子《じゅんこ》

私は雨女です。家から一歩出ると、それまでは降っていなかったのに急に雨が降ってきたりすることもままあり、「老後は雨乞《あまご》い業でもしようか」と思うほど。

中でも一番の大雨体験は、もうずいぶんと前のことですが、旅雑誌の仕事で、九州に行った時のことでした。九州各地を鉄道で巡《めぐ》りつつ温泉を楽しむという素敵《すてき》なプランだったのであり、女性カメラマンのAさんとの二人旅。スタートは博多駅です。

博多駅を夜に出て西鹿児島駅（現・鹿児島中央駅）に早朝に到着《とうちゃく》する夜行特急が、当時は走っていました。博多に住む友人と楽しく食事をしてからその列車に乗《の》り込《こ》んで眠《ねむ》りについたのですが、早朝やけにノロノロ運転をしていることに気がつきました。外は大雨が降っていたので、そのせいだろうと思っていたら、やがて駅でもない場所で停止したではありませんか。

列車は全く動く気配がなく、ただ土砂降りの音だけが響《ひび》きます。やがて、聞こえてきたアナウンスは、

「線路上に土砂崩《どしゃくず》れが発生したため、しばらく停止いたします。復旧の見通しは立っておりません」

というもの。

「土砂崩れ……?」

と、Aさんと私は思わず顔を見合わせ、先頭車両へと急いで向かいました。乗務員さんに事情を聞くと、

「こんなですよ」

と、線路前方の景色を見せてくれたのですが、すぐ前の線路が土砂で埋《う》まっています。

これは確かに、復旧の見通しは立つまい。

乗客を乗せる代行バスを手配しているとのことでしたが、1時間ほど待っても、バス

が来る気配はありません。当時はまだ、携帯《けいたい》電話を普《ふ》通《つう》の人は持っていない時代だったので、外部の情報は、得られません。

列車が止まった場所は、終点の西鹿児島駅からさほど遠くない場所だったようです。やがて、「降りたい人は降りてよい」ということになりました。

その時に、

「ここでこうしていても、きっと相当待たないとバスは来ないわよ。降りましょう」

と言ったのは、Aさんです。私は「のんびりバスを待っていればいいんじゃないの？」と思っていたのですが、Aさんに促《うなが》され、列車から降りることに。

駅ではない場所で列車から地面に降りたのは、生まれて初めてのことでした。列車のドアというのは意外と高い場所にあるもので、ハシゴのようなものを使って地上に降り、道路まで出たのです。

しかし非常事態となると人間、何でもできるものです。私達はまだ早朝だというのに民家を探して電話をお借りし、タクシー会社に電話。しかし電話は、つながりません。諦《あきら》めて外に出て、まさにバケツをひっくり返したような豪雨《ごうう》の中、泣きそうになりな

がら、

「タクシー、来てーっ！」

と全身全霊《ぜんしんぜんれい》で念じた私。すると、なんと奇跡《きせき》的に1台の空車のタクシーが、走ってきたではありませんか。その姿を見たときは、幻《まぼろし》かと思いました。

タクシーの前に身を投げ出すようにして停《と》め、同じように列車から降りてきた人と相乗りし、

「西鹿児島駅まで」

とお願いした時の安堵《あんど》の気持ちと言ったらありませんでした。

西鹿児島駅に着くと、そこから乗《の》り継《つ》ぐはずだった列車も、豪雨で停まっています。というより、九州全域の鉄道が大雨のため、運行を見合わせているような状況《じょうきょう》であり、旅のスケジュールも大幅《おおはば》に変えなくてはなりません。折りたたみ傘《がさ》など役に立たず、全身びしょ濡《ぬ》れ状態で公衆電話で東京と連絡《れんらく》を取り合って、高速バスで次の地へと向かうことになったのですが、それが後に「8・6水害」（8月6日に大雨が降った）と言われるようになった日だということを、私はまだ知りません。

水害のみならず、台風やら大雪やらと、旅先で様々な気象災害に遭《あ》うことが多い私は、雨女と言うよりは災害女なのかもしれません。先日も山形に行った時、

「今年は全く雪が降らないから雪靴《ゆきぐつ》はいらないよ」

と地元の人に言われていたのに、行ってみたら雪がじゃんじゃん降ってきて、

「今年初めての大雪だ。酒井さん、雨女？」

と言われましたっけ。

そんな私が鹿児島における8・6水害の体験で得た教訓は、「叩けよ、さらば開かれん」ということです。

後から聞いたところによると、代行バスが現地に着いたのは、かなり後だったとのこと。意を決して先に列車から降りたことによって、何とかバスに乗って先に進むことができたのですが、もしも私が一人で乗っていたら、ずっと列車の中でバスを待ち続けたでしょう。Aさんと一緒《いっしょ》だったからこそ一種の賭《か》けにトライすることができたのです。

私は、自分のペースで旅ができる一人旅が好きなのですが、誰《だれ》かと一緒に旅をしていて面白いのは、こういった時なのでした。一人では勇気が出ないことも、誰かと一緒で

あれば挑戦《ちょうせん》することができるから。

やはり連れがいる旅においては、にっちもさっちもいかなくなって、二度ほどヒッチハイクをしたこともあります。携帯の電波が無い山奥《やまおく》だったり、どうしてもタクシーを呼ぶことができない地において、「ままよ」と通りがかりの車に手を上げて懇願《こんがん》したら、乗せてくださったではありませんか。

これもまた、一人の時は躊躇《ちゅうちょ》する行動でしょう。が、連れがいたらこそ、勇気を出すことができたのです。

非常事態でなくとも、旅先においてこのように何かを「叩いてみる」と、旅が変化することは、しばしばあります。良さげなお店がたとえ閉まっていても、

「こんにちはー」

ととりあえず声をかけてみると、中を見せてもらえたり、少し早めに店を開けてくださったりすることがある。バスに乗《の》り遅《おく》れそうな時も、

「乗りまーす！」

と声を出して走っていけば、待っていてくださることもある。

……というように、目の前の状況をただ受け入れるだけでなく、ちょっともがいてみることによって開ける道もあるのだと、８・６水害から学んだ私。それは人生においても同じことなのかもしれないと、思っています。

酒井順子 Sakai Junko

１９６６年東京都生まれ。高校在学中から雑誌にコラムを発表。立教大学社会学部観光学科卒業後、広告代理店勤務を経て執筆専業に。２００４年『負け犬の遠吠え』（講談社文庫）で婦人公論文芸賞、講談社エッセイ賞を受賞。『枕草子ＲＥＭＩＸ』『女流阿房列車』（以上、新潮文庫）、『女子と鉄道』（光文社文庫）、『地下旅！』（文春文庫）、『平安ガールフレンズ』（KADOKAWA）など著書多数。

長旅で知る「旅」というもの

旅行作家
下川裕治《しもかわゆうじ》

27歳《さい》のとき、勤めていた新聞社を辞《や》めて、はじめて長い旅に出た。世界の難民を見にいくこと……。それが目的のひとつだった。

しかしそのための準備に何年も費《つい》やすような目的意識はなかった。会社に辞表を出した後で決まったようなものだった。

記者として3年、走りまわっていた。ようやく使いものになってきたと上司は眺《なが》めていたのかもしれない。その矢先の辞表だった。担当デスクは黙《だま》って受けとり、辞表はねずみ色のジャケットの胸ポケットに収められた。それから引き留め工作がはじまった。

担当デスク、報道部長、報道局長……。辞表は彼《かれ》らの胸ポケットを渡《わた》っていった。

「旅に出る？」

それは上司を説得する言葉にはならなかった。他社に引《ひ》き抜《ぬ》かれるのではないか……と疑う彼らにしたら、別次元の退職理由だった。

「本当に旅に出るために会社を辞めるのかい？」

その言葉の背後には、旅はそれほどの価値があるものではない、という思いが滲《にじ》んでいた。いまにして思えば、それは賢明《けんめい》な認識だったが、当時の僕《ぼく》は旅に憧《あこが》れていた。しだいに旅に出ることが意地に変容していく。そこで思いついたのが難民だった。かつては記者として現場を渡《わた》り歩《ある》いていたデスクらを説得するための旅の目的だった。

ドイツ、エジプト、エチオピア、スーダン、パキスタン、インド……旅は続いた。海外をひとりで歩く旅に憧れていた。しかしバックパッカー旅の技術は、普通《ふつう》の人なら、3ヵ月も続ければ身に着くことを旅先で知った。安宿の探し方や安いバスの切符《きっぷ》の買い方といった技術がわかってくるにつれ、旅への憧れは薄《うす》れていった。

日々、僕の頭のなかを支配していたのは、「昨夜の宿は蚊《か》が多かった」、「バスターミナル前のカレー屋は安くてうまい」といった旅の日常だった。日本で思《おも》い描《えが》いていた旅が、日本と同じような時間にからめとられていく。

ときおり勤めていた新聞社の上司に絵はがきを出していた。他社で働いているのではなく、本当に旅に出ていることを伝えたかった。スーダンの安宿の軋《きし》むベッドの上ではがきを書きながら、天井《てんじょう》を見あげる。裸《はだか》電球の周りで羽虫が飛《と》び交《か》っている。

そうか……「難民を見にいく」と、東京の大手町にあるビルの地下喫茶《きっさ》店《てん》で、僕はそう口にしていたではないか。

パキスタンのペシャワル。アフガニスタンとの国境に近いカイバル峠《とうげ》に向かうバスに乗る。30分ほど乗ると、右手にテントが並ぶ乾《かわ》いた土地が見えてくる。そこでバスを降り、勝手知った足どりで、その敷地《しきち》に入っていく。アフガニスタン人の難民キャンプだった。

一応、国連が管理していたが、誰《だれ》でも自由に入ることができた。河原に広がる乾いた土地だった。

このキャンプにはじめて足を踏《ふ》み入《い》れたのは2週間ほど前だった。泊《と》まっていたゲストハウスで出会った日本人のYさんが一緒《いっしょ》だった。彼は日本を発って10年以上になるという、筋金入りのバックパッカーだった。僕が持参していた『方丈記《ほうじょうき》』の文庫本を貸したことが縁《えん》だった。

それから2、3日、Yさんの姿を見かけなかった。近くの安い食堂で、ミルクティーとナンを食べて部屋に戻《もど》ると、彼がやってきた。『方丈記』と一冊のノートを手にしていた。

「本、ありがとう。全部写しました。ほら」

しらっとした顔でノートを開いた。

「写した？」

「いい本なんで」

それからYさんと一緒に出歩くことが多くなった。よく河原に出かけた。彼は日本にいたとき石材店で働いていたという。河原の石をひとつ拾いあげ、「これは水石《すいせき》」、「これは庭に置けばいい雰囲気《ふんいき》」などと、僕を無視して呟《つぶや》くように石と話していた。

難民キャンプに入ったのは、その帰り道だった。特別の許可をとらないと、入ることはできないと思っていた。新聞社を辞めた僕は、記者証はもちろん、PRESSと書かれた腕章《わんしょう》ももっていなかった。

しかしYさんは、僕の制止も聞かずに入っていってしまう。慌《あわ》てて彼の後を追い、僕も難民キャンプに入ってしまった。

ひとつのテントの前にいた男から声をかけられた。テントのなかに招かれた。砂の上に絨毯《じゅうたん》が敷《し》いてあった。彼の父親らしき長老や中年の男たちが座っていた。いわれるままにテントに入った。言葉はまったく通じなかった。

Yさんはアメリカで5年間働いたという。しかし英語は、これでよくアメリカで暮らすことができた……と思わせるほど下手《へた》だった。しかし、言葉が通じない相手に対しては、無類の強みを発揮した。ペシャワルを一緒に歩いてよくわかった。

しばらくすると、絨毯の上に布が敷かれ、煮込《にこ》んだ鶏肉《とりにく》とパンが出てきた。彼はパンをちぎり、鶏肉料理につけて食べはじめた。

「食べていいのかなぁ。彼らは難民ですよ。僕らも貧しい旅行者だけど、難民からごちそうになるっていうのは……」

Yさんは返事もせずに食べ続けている。テントのなかに座る男たちは、早く食べろと手先でパンを食べるしぐさをする。ごちそうになってしまった。

コクのある味だった。ペシャワルの食堂よりレベルが高い。不思議な感覚だった。

旅に出る直前、難民を見にいくといった以上……と、会社の資料室で難民キャンプの記事を読んだ。そのなかにアフガニスタン人の難民キャンプのものもあった。配給所に髭面《ひげづら》の男たちが列をつくっていた。皆《みな》、暗い目をしている。そこでいま僕は、アフガニスタン料理をごちそうになっている……。

それから毎日のように難民キャンプに通った。旅の技術とは無縁の、旅というものが少しわかった気がした。

下川裕治 Shimokawa Yuji

1954年長野県生まれ。30年以上バックパッカースタイルで旅を続けている。所持金12万円で海外を旅する『12万円で世界を歩く』（朝日文庫）は、バックパッカーたちのバイブルとして知られている。これまで訪ねた国は70カ国以上。主にアジア、沖縄をフィールドに著書多数。ツイッターアカウント→@Shimokawa_Yuji

III

こんな旅があった!
歴史上の旅人たち

平安貴族の奈良旅行

日本史学者
倉本一宏《くらもとかずひろ》

奈良へ旅する理由

今からほぼ千年前、平安貴族は勝手に平安京《へいあんきょう》の外に出ることは許されていなかった。無許可で京外に出た場合、「城外《じょうがい》」と称《しょう》されて、場合によっては処罰《しょばつ》の対象になった。したがって、平安京周辺の賀茂《かも》や白河《しらかわ》や宇治《うじ》くらいならともかく、彼《かれ》らは気軽に京外に出かけることはできなかったのである。「温泉宣旨《おんせんせんじ》」というものもあって、今の神戸市北区にある有馬《ありま》温泉に湯治《とうじ》に行くのにも、許可が必要であった（それより遠い温泉に行くことは、想定していなかったであろう）。

彼らの地方の行き先というと、主に寺社なのであるが、せいぜいが今の奈良県桜井市の長谷寺《はせでら》や滋賀県大津《おおつ》市の石山寺《いしやまでら》あたりが関の山で（「関の山」という言葉も、山科《やましな》から大津に出る逢坂関《おうさかのせき》を指している）、今の和歌山県にある高野山《こうやさん》や奈良《なら》県の吉野《よしの》の奥《おく》にある金峯山《きんぶせん》に行くとなると、随分《ずいぶん》と前から精進《しょうじ》を行ない、決死の覚悟《かくご》で出かけるのであった。

まあ、彼らは概《がい》して運動不足で、おまけに栄養過多で糖尿病《とうにょうびょう》を患《わずら》っている者が多かったから、遠出をしようと思っても、ままならないのであった。馬に騎《の》れる者はいいとして、牛車《ぎっしゃ》が通れる道は京都周辺に限られていたのである。受領《ずりょう》に任命されて地方に下向《げこう》する行程がいかに大変であったかは、想像に余りある。

そんな中で、「南都《なんと》」とか「旧都《きゅうと》」「故都《こと》」と称されていた奈良に出張を命じられる官人が存在した。藤原《ふじわら》氏の氏神《うじがみ》である春日社《かすがしゃ》の祭礼である春日祭《かすがのまつり》に勅使《ちょくし》として派遣《はけん》される者と、同じく藤原氏の氏寺《うじでら》である興福寺《こうふくじ》で行なわれる維摩会《ゆいまえ》に際して、朝廷《ちょうてい》から派遣される者である。維摩会というのは、維摩経《ゆいまきょう》を講説《こうぜち》する（講義し、説明すること）法会《ほうえ》で、毎年、十月十日から十六日までの七日間、朝座《あさざ》と夕座《ゆうざ》が行なわれた。藤原不比等《ふひと》が始めたとされ、藤原仲麻呂《なかまろ》が再興した。

ただし、春日祭勅使は厳格で繁雑《はんざつ》な儀式《ぎしき》を遂行《すいこう》しなければならないので、とても気軽な旅行というわけにはいかなかった。それに対し、維摩会勅使の方は、奈良に着いてしまえば、後は法会は僧《そう》たちに任せておけばいいので、わりと自由時間も与《あた》えられて、あちこちで物見《ものみ》を行なうこともできたようである。

ここでは、このような使者として長保《ちょうほう》元年（九九九）に奈良に赴《おもむ》いた勅使である、三《さん》蹟《せき》の一人として有名な藤原行成《ゆきなり》の「奈良旅行」の様子を、彼本人の記録した日記である『権記《ごんき》』から眺《なが》めてみることとしよう。なお、行成はこの年、数えで二十八歳《さい》であった。

半日がかりで奈良へ

行成は、十月八日に奈良下向を東三条院《ひがしさんじょういん》藤原詮子《せんし》に啓上《けいじょう》し、翌九日には藤原道長《みちなが》に挨拶《あいさつ》して、午剋《うまのこく》の頃《ころ》というから正午前後に、彼の邸第《ていだい》である三条第《さんじょうてい》から出立《しゅったつ》している。道長などは途中《とちゅう》、宇治の別業《べつぎょう》（後の平等院《びょうどういん》）で一泊《ぱく》してから奈良に向かうのであるが、実直なうえに蔵人頭《くろうどのとう》（天皇の側近）として激務に忙殺《ぼうさつ》されている行成は、前日の昼ごろに出発している。丹波得任《たんばのありとう》と連滝《つらたき》（姓《せい》不明）、久範《ひさのり》（姓不明）が供奉《ぐぶ》した、総勢四人の旅であった。

現在なら、京都市内から奈良まで、一時間弱で行けるが（ちなみに、行成の三条第の最寄り駅は、地下鉄東西線の二条城前駅）、当時は都の上級貴族の主な交通手段である牛車で奈良まで行くには、道路の整備や渡河《とか》の準備（舟橋《ふなばし》を架《か》けるなど）が必要で、天皇とか、よほどの人でないと無理であった。

道長などは鴨《かも》川か淀《よど》川で舟に乗り、宇治を経て木津《きづ》（現京都府木津川市）で上陸し、奈良《なら》坂《ざか》（般若寺《はんにゃじ》越《ごえ》）を越えて奈良に到《いた》るのが通例であったが、まだ公卿《くぎょう》にも上っていない行成クラスの貴族は、馬に騎って奈良に向かうことが多かった。これだと半日以上の時間を要した。なお、馬というのは案外に走行距離《きょり》が短く、特に走ったりするとすぐに息切れする。馬に騎っていたとしても、かなりの時間が必要であった。もちろん、何度も川を渡《わた》らねばならず、渡し舟でスムーズに渡河できなければ、さらに困難な旅が待っていたのである。

行成一行は栗隈《くりくま》（現京都府久世郡久御山《くみやま》町から城陽市）の山中で小雨に降られたが、

現在の興福寺（東金堂・五重塔。筆者撮影）

戌《いぬ》刻（午後七時から九時）に雨が止んだとある。そして亥《い》刻（午後九時から十一時）、奈良の宿所に到着《とうちゃく》した。行成が到着するということを、誰《だれ》も興福寺に知らせなかったようで、挨拶に来る者はなかった。食事についても行成は、「甚《はなは》だ疎《そ》略《りゃく》であった。饗《きょう》の別当《べっとう》を責めなければならない」と憤慨《ふんがい》している。

仕事と観光

いよいよ十日、興福寺維摩会が始まった。興福寺の僧たちは、昨夜は告げる人がいなくて対面しなかったことを謝った。巳《み》刻（午前九時から十一時）に堂に入ったが、参会の人々が遅参《ちさん》したので、万事が欠怠《けったい》（式次第どおりにいかないこと）したとある。興福寺権別当《ごんのべっとう》から、饗・屯食《とんじき》・秣《まぐさ》を送ってきた。饗は行成の、屯食は同行の供の者の、秣は馬の食料である。当時は身分によって、坐《すわ》る席や食べ物が違《ちが》っていたのである。ただ、饗といっても精進料理であろうし、屯食は強飯《こわいい》を固く球形に握《にぎ》ったものに、味噌《みそ》や食塩をまぶして竹皮で包んだものである。食事に関しては、現代の我々の方が、はるかに美味《うま》い物を食べているのである。その後、熟柿《じゅくし》が送られたというのは、正岡子規の「柿《かき》食えば」の句を思い起こさせる。

　この日の法会は無事に終わり、行成は寺主《じしゅ》の宅において沐浴《もくよく》した。当時はまだ浴槽《よくそう》というものはなく、入浴と言っても、現在のミストサウナのようなものであった。何より、京都から奈良まで旅をしていて、翌日の夜まで入浴していないとは、現代の感覚では信じられないものである。

　十一日からも維摩会は続いた。十二日の朝座の後、行成は高僧《こうそう》の案内で諸堂を参拝し、奇異《きい》な物を見物している。牛頭《ごず》の栴檀仏《せんだんぶつ》や釈迦《しゃか》尊の御足跡《そくせき》を納めた極楽浄土《ごくらくじょうど》、その他である。その後、「巡礼《じゅんれい》していたので夕座に会さなかった」とあるが、もう維摩会には飽《あ》きて、サボり始めているのである。十三日も夕座に着していない。この日、道長に柿を送っている。

十四日には、朝座のついでに塔本《とうほん》を参拝している。五重塔《ごじゅうのとう》の初重《しょじゅう》内部の心柱《しんちゅう》の四周に描《えが》かれた四方四仏《しほうしぶつ》であろう。この時の五重塔は、天平《てんぴょう》二年（七三〇）に光明皇后《こうみょうこうごう》によって建立されたものが残っていて、何とも羨《うらや》ましい限りである。なお、行成が見物した十八年後の寛仁《かんにん》元年（一〇一七）に初代五重塔は焼失している。現在の五重塔は六代目のものである。

十五日は、興福寺も見飽きたのか、早朝から諸寺の見物に出かけている。大安寺《だいあんじ》では破損している箇所《かしょ》が無いことに感心している。次に薬師寺《やくしじ》を参詣《さんけい》しようとしたが、「大《だい》会《え》（維摩会）は氏《うじ》（藤原氏）にとって、大事な行事である。ところが、このところ、まったくその事を勤めていない。他氏（源氏《げんじ》）の建立した寺に詣《もう》でることは、意味のないことである」と考え、道は遠く（実際には遠くはないのだが）、日は高いということで（夕座に間に合うということか）、参らなかった。藤原氏と公家《くげ》源氏の関係を考えるうえで、興味深い記事である。帰り路に、ちょっと法華寺《ほっけじ》に入って、堂舎《どうしゃ》を巡見《じゅんけん》したが、破《は》壊《かい》は特に甚しかったとある。なお、大安寺は舒明《じょめい》天皇時代の百済大寺《くだらのおおでら》→天武《てんむ》天皇時代の高市大寺《たけちのおおでら》→持統《じとう》天皇の藤原京時代の大官大寺《たいかんだいじ》→元正《げんしょう》天皇の平城京時代の大安寺と変遷《へんせん》した、わが国最初の国立寺院で、この時代でも寺格《じかく》はもっとも高かった。

早朝からの寺詣でにもかかわらず、この日は夕座には参列し、その式次第を詳細《しょうさい》に記録している。いかにも普段から真面目な行成らしい。

そして十六日に維摩会は終わった。朝座の間、仁宗《にんそう》という僧から宿曜勘文《すくようかんもん》が送られてきた。一種の占文《うらぶみ》である。堂の前において開いて見て、現在と今後の吉凶《きっきょう》を知ったとある。「まことにこれは、父祖《ふそ》が告げてくれたものである。伽藍《がらん》の護法《ごほう》の諭《さと》しである。心中、頼《たの》みとするところが無いわけではなかった」と感激している。

朝座が終わると饗宴《きょうえん》の座に就き、僧たちに布施《ふせ》を施《ほどこ》し、午刻に衣を替《か》えて、行成一行は帰京の途についた。申《さる》剋（午後三時から五時）の頃、井手《いで》寺《でら》（現京都府綴喜《つづき》郡井手町）に到った。日が山頂に落ちた頃、宇治に到り、戌剋に入京した。ところが、帰《き》忌《こ》日《にち》という陰陽道《おんようどう》の禁忌《きんき》があったので、自邸《じてい》には帰らず、方違《かたたがえ》を行なって、下僚の平親信《たいらのちかのぶ》の宅に宿した。

こうして、千年前の行成の旅は終わった。現代の我々とは随分と違うと思うか、本質的に変わらないと思うかは、人によって様々であろうとは思う。しかし、食事が粗末《そまつ》だといって怒《おこ》ったり、仕事がつまらないからサボったり、色んな寺を廻《まわ》ってみたり、占いを見て一喜《いっき》一憂《いちゆう》したりといった姿を見ていると、技術の進歩を除けば、人間の本質なんて、それほど変わるものではない。いや、技術が進歩しているのに同じようである我々の方が、むしろ退化しているのではないかとも思えてくるのである。

いずれにせよ、とにかく旅に出て、昔の人々と同じ山や川や風を見ることは、日本とは何か、人間とは何かを考えるうえで、きわめて大事な行為《こうい》である。そして何より、旅に出たいという気持を持ち続けることが大切なのである。

倉本一宏 Kuramoto Kazuhiro

１９５８年三重県津市生まれ。東京大学文学部国史学専修課程卒業、同大学大学院人文科学研究科国史学専門課程博士課程単位修得退学。博士（文学、東京大学）。国際日本文化研究センター・総合研究大学院大学教授。専門は日本古代政治史、古記録学。著書に『藤原道長の日常生活』（講談社現代新書）、『蘇我氏』『藤原氏』『公家源氏』（以上、中公新書）、『「旅」の誕生』（河出ブックス）、『皇子たちの悲劇』（角川選書）、『藤原行成「権記」全現代語訳』全三巻（講談社学術文庫）などがある。ツイッターアカウント↓@DrKazz

イブン・バットゥータの旅

立命館アジア太平洋大学（APU）学長
出《で》口《ぐち》治《はる》明《あき》

14世紀の大世界旅行

14世紀にモロッコのタンジェで生まれたイブン・バットゥータ（1304－69）というイスラムの法律学者がいました。

イブン・バットゥータは、1325年、21歳《さい》のときに、ハッジと呼ばれているマッカ巡礼《じゅんれい》に出発しました。アラビア半島にあるマッカのカアバ神殿《しんでん》にお参りすることは、イスラム教徒の義務の1つであったのです。イブン・バットゥータは、カイロやダマスカスを経て無事マッカに辿《たど》り着《つ》きます。そして、26年、そこからペルシャ（イラン）に向かいエスファハーンやシラーズを経てイラクのバグダードに入り27年、マッカに戻《もど》ります。当時のイランやイラクはイスラム教に改宗したフレグ・ウルス（イル・ハン国）というモンゴル帝国《ていこく》の王朝が治めていました。

30年、今度は、海路、南方に向けて旅立ちます。イエメンから対岸のソマリアに渡《わた》り、東アフリカを海岸沿いにタンザニアあたりまで南下します。当時の東アフリカには交易で栄えたイスラム教のキルワ王国がありました。イブン・バットゥータは、オマーン、ホルムズ海峡《かいきょう》を経て三たび、マッカに戻りました。

32年、イブン・バットゥータはインドに向けてマッカを旅立ちます。まず、北上してトルコのアナトリアに向かい、そこからクリミア半島に。当時のロシアは、モンゴル帝国のジョチ・ウルス（キプチャク・ハン国）が治めていました。イブン・バットゥータは、ジョチ・ウルスの名君、ウズベク・ハン（在位1313－42）に拝謁《はいえつ》します。ジョチ・ウルスもイスラム教に改宗していました。イブン・バットゥータは、ウズベク・ハンの第3妃《ひ》の出産のための里帰りに同行して東ローマ帝国の首都、コンスタンティノープル（イスタンブル）を訪れます。初めてイスラム世界を出たのです。

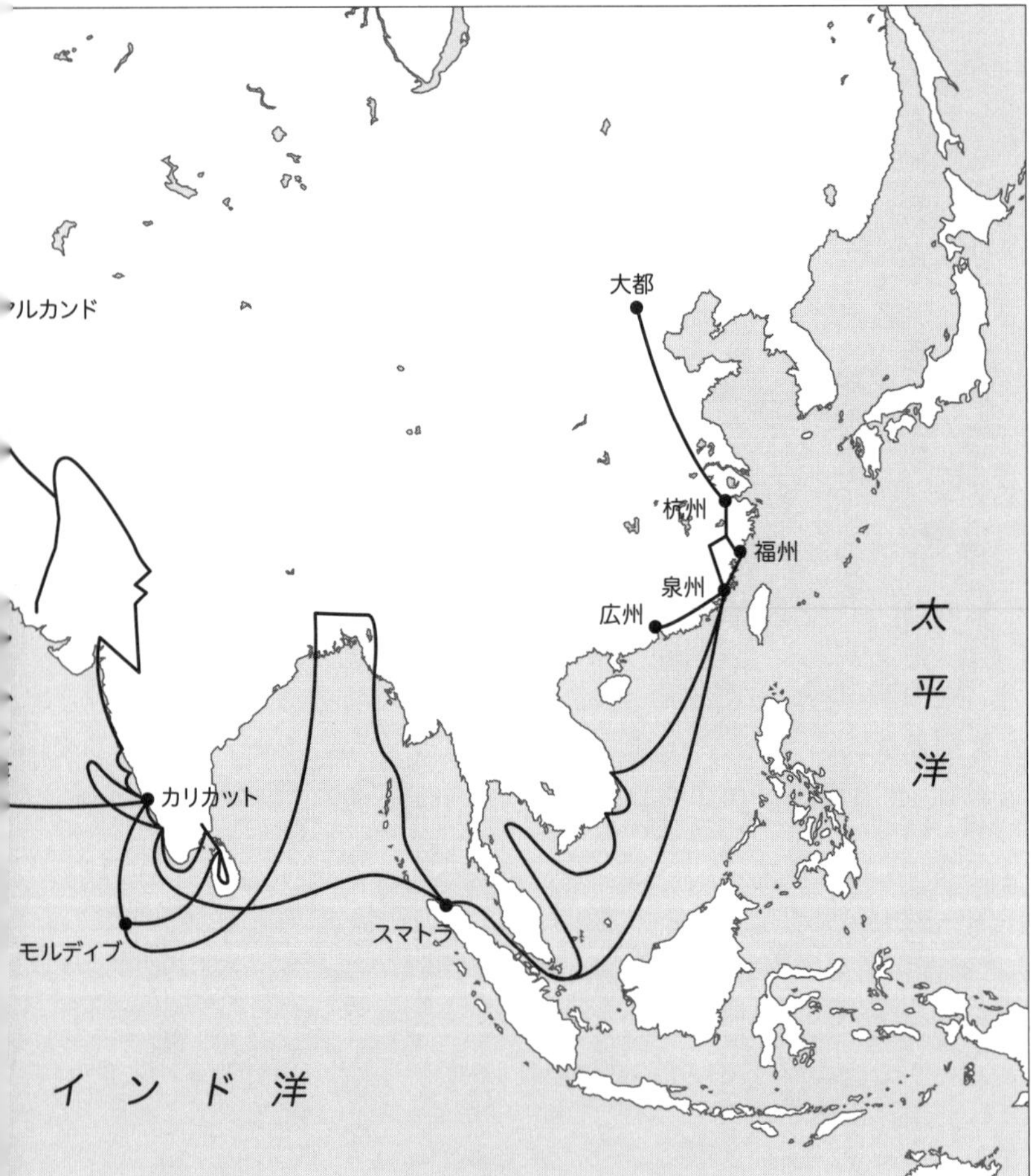
ルカンド
大都
杭州
福州
泉州
広州
太平洋
カリカット
スマトラ
モルディブ
インド洋
0
1000
2000km

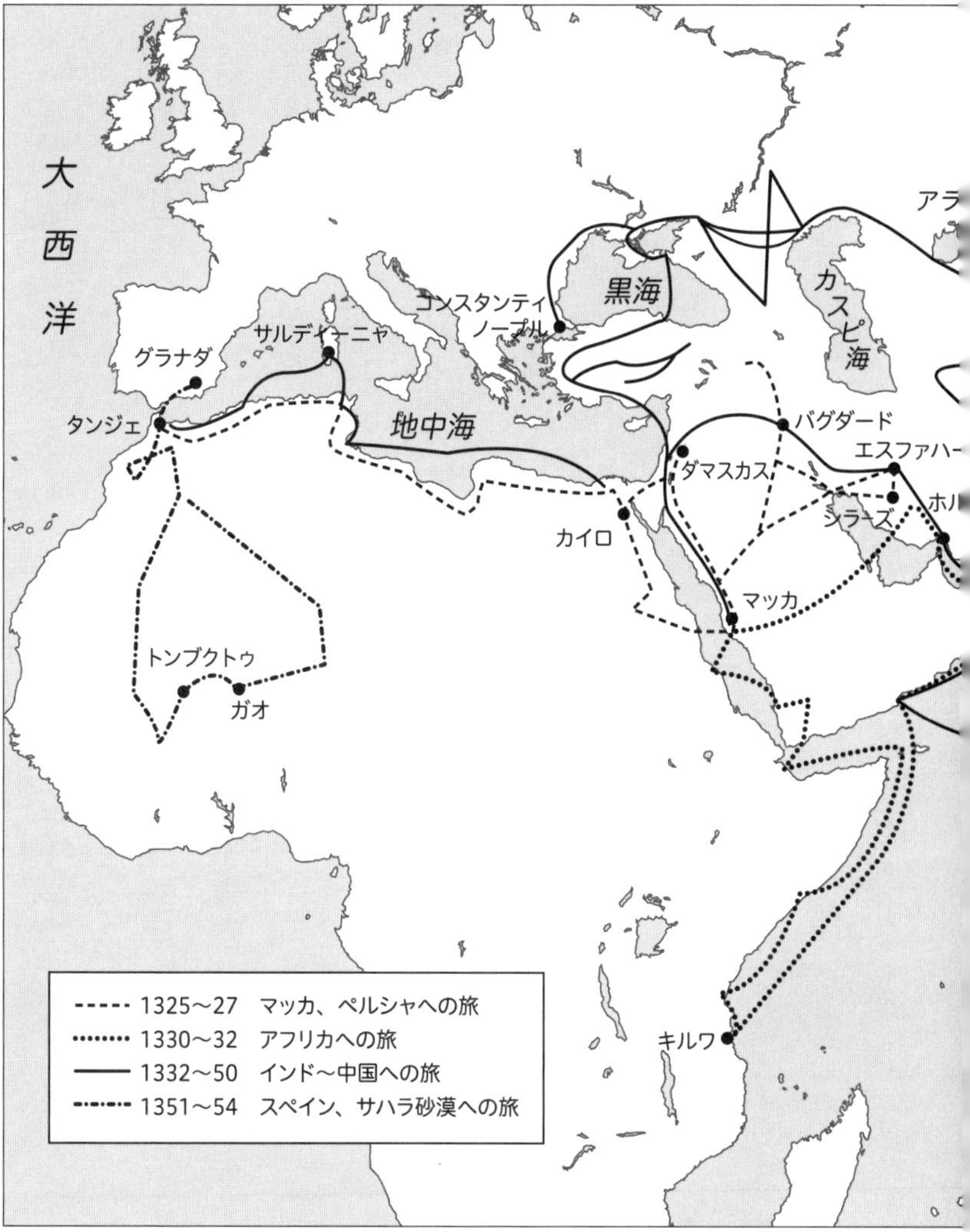

イブン・バットゥータの旅程

（家島彦一『イブン・バットゥータの世界大旅行』〔平凡社新書, 2003〕、同『イブン・バットゥータと境域への旅』〔名古屋大学出版会, 2017〕掲載の地図から作成）

その後、ジョチ・ウルスに戻って、カスピ海、アラル海、サマルカンド、アフガニスタンを経てインドに入ります。当時のインドは、イスラム王朝であるトゥグルク朝のムハンマド（在位1325－51）の時代でした。イブン・バットゥータはカーディー（裁判官）としてムハンマドに6年仕えます。ムハンマドは、天才か狂人《きょうじん》かと評された喜怒《きど》哀楽《あいらく》の激しい君主で彼《かれ》も随分《ずいぶん》苦労したようです。イブン・バットゥータは、中国への使節に任命され、グジャラートからカリカットに向かいます。

その後、モルディブでも9か月ほどカーディーを務め、スリランカ、バングラディシュ、スマトラ、マレー半島、ベトナムを経て45年、ついに中国の泉州に到着《とうちゃく》します。再び、イスラム世界を出たのです。イブン・バットゥータは、広州、福州、杭州《こうしゅう》と回り、大運河で大都（北京《ペキン》）に向かいます。大元ウルスの宮廷《きゅうてい》にトゥグルク朝の使者として拝謁し泉州に戻ります。そして46年、モロッコに帰る決心をして泉州を船出します。

カリカット、ホルムズ海峡、ダマスカスを経てマッカへ。そしてサルディーニャに立ち寄り50年、モロッコに戻りました。足掛《あしか》け、4半世紀に及《およ》ぶ長旅で、父母は既《すで》に他界していました。

旅の記憶

しかし、これでイブン・バットゥータの旅が終わったわけではありません。50〜51年、旅装を解く暇《ひま》もなくアンダルス（スペイン）に向かいます。グラナダなどを訪れモロッコに戻りますが、51年にはサブサハラに向けて出立します。ラクダの背に揺《ゆ》られてサハラ砂漠《さばく》を超《こ》えニジェール川の畔《ほとり》のマリ帝国へ。トンブクトゥやガオを訪れ、54年、自宅に戻ったイブン・バットゥータは、当時のモロッコを治めていたマリーン朝の君主の勧《すす》めで、グラナダで出会った学者、イブン・ジュザイイに旅の記録を口述筆記させました。それが55年に完成した『大旅行記』です。正式なタイトルは、『諸都市の新奇《しんき》さと旅の驚異《きょうい》に関する観察者たちへの贈《おく》り物《もの》』というものです。

学者たちの研究によれば、イブン・バットゥータの大旅行記には多くのフィクションが散りばめられていることがわかっています。中国に本当に旅したのかを疑う学者もいます。何故《なぜ》なら、インド以東の旅行記には荒唐無稽《こうとうむけい》な記述が頻発《ひんぱつ》するからです。しかし、これだけ詳細《しょうさい》な旅の記録は他にはありません。イブン・バットゥータが、たとえ他の当時の文献《ぶんけん》から転載《てんさい》していたとしても、14世紀の世界を知る上では貴重な第一級の史料といっていいでしょう。東洋文庫（平凡社）から『大旅行記』は8分冊で翻訳《ほんやく》されていますから、興味のある皆《みな》さんは読んでみてください。また要約版《ようやくばん》としては、中公文庫から『三大陸周遊記　抄《しょう》』が出ています。

ペスト後とコロナ後の世界の変化

ところで、なぜ、僕《ぼく》がイブン・バットゥータをここで取り上げたのか。イブン・バットゥータは、日本でいえば、足利尊氏《あしかがたかうじ》（1305－58）とほぼ同時代人です。それほど遠い昔に、なぜ三大陸を自由に周遊できたのでしょうか。実は、13世紀後半から14世紀前半にかけては、モンゴル世界帝国による人類初のグローバリゼーションが実現した時代だったのです。

大元ウルスを開いたクビライ（在位1260－94）は、重商政策を採り、陸上交通路と水上交通網《こうつうもう》を連結してムスリム商業勢力をも取《と》り込《こ》み、ユーラシア規模での交易を活性化させました。交易のポイントは、楽市《らくいち》・楽座《らくざ》政策にあり、山賊《さんぞく》や海賊、関所の根絶にあります。モンゴルの騎馬《きば》軍団《ぐんだん》の圧倒的《あっとうてき》な軍事力がユーラシア規模での平和を現出させました。ユーラシア全域にわたって、平和と安全が保障されたパクス・モンゴリカ（モンゴルによる平和）の時代です。

当時のモンゴル世界帝国は、大元ウルス、フレグ・ウルス、ジョチ・ウルス、中央アジアのチャガタイ・ウルスが緩《ゆる》やかな連合体を成し、パイザと呼ばれる通行手形（パスポートとチケットが一緒《いっしょ》になったようなもの）を持っていれば、モンゴル帝国が整備した主要幹線路、つまり道路や水路を自由に使えたのです。加えて、当時の北アフリカ、中東、東アフリカ、インド、アンダルシアなどは、全てイスラム圏《けん》でした。イスラム世界のネットワークを使って、キャラバンやダウ船による隊商が頻繁《ひんぱん》に行《い》き交《か》っていました。マッカ巡礼のルートも整備されていました。

イブン・バットゥータは、マルコ・ポーロ（と呼ばれている誰《だれ》か）同様にこうしたグローバリゼーションの恩恵を受けて世界を旅したのです。旅を自由に楽しむには、「平和と安全」が不可欠であることがよくわかります。

現在（２０２０年４月）は、新型コロナウイルスの世界的な蔓延《まんえん》により、地球規模で人々の自由な往来が大幅《おおはば》に制限されています。平和と安全が、いかに貴重なものであるか、人類は改めて思い知ったのではないでしょうか。

パクス・モンゴリカの時代は14世紀に世界を襲《おそ》ったペストによって終焉《しゅうえん》を迎《むか》えました。パンデミックが到来したのです。人々の交流が深まれば深まるほど、病原菌《びょうげんきん》の交流も深まります。パンデミックはグローバリゼーションのダークサイドなのです。

ではペスト後の世界はどうなったのでしょう。ペストはあの輝《かがや》かしいルネサンスを生んだのです。新型コロナウイルスも間違《まちが》いなく人々の働き方を変えるでしょう。子連れ出勤やテレワーク、オンライン会議・授業などを通じて長時間労働などの旧弊《きゅうへい》は一掃《いっそう》され、社会のＩＴリテラシーは格段に高まるでしょう。

パンデミックは必ず終わります。今、大切なのは、犠牲《ぎせい》を最小限にとどめること。懸《けん》命《めい》に奮闘《ふんとう》している医療《いりょう》従事者などエッセンシャルワーカーに感謝して支援《しえん》を行うこと。仕事をなくした社会的弱者などに金銭的援助《えんじょ》を行うこと。そのために、私たちに何ができるかをみんなで考えましょう。グローバルな信頼《しんらい》と連帯、お互《たが》いを思いやることが今ほど大切な時はありません。

出口治明 Deguchi Haruaki

１９４８年三重県生まれ。京都大学法学部卒。１９７２年日本生命に入社。ロンドン現地法人社長、国際業務部長などを経て２００６年に退職。同年、ネットライフ企画（現・ライフネット生命）を設立し、代表取締役社長に就任。２０１２年に上場。社長、会長を10年務めた後、２０１８年より立命館アジア太平洋大学（ＡＰＵ）学長。訪れた世界の都市は１２００以上、読んだ本は１万冊超。『全世界史』上下（新潮文庫）、『０から学ぶ「日本史」講義』古代篇・中世篇（文藝春秋）、『哲学と宗教全史』（ダイヤモンド社）など著書多数。

イザベラ・バード——「信念の旅行家」の旅の生涯《しょうがい》

地理学者
金坂清則《かなさかきよのり》

読者の皆さんに

日本の天保《てんぽう》2年に当たる１８３１年の10月15日、イングランド北部、ノース・ヨークシャーの小さな町バラブリッジに、一つの生命が誕生しました。この女性、イザベラ・ルーシー・バードこそは本書に欠かせない人の一人です。彼女《かのじょ》は間《ま》違《ちが》いなく世界の旅行史の頂点に立つ旅行家の一人です。その旅は22歳《さい》から69歳まで半世紀近くにわたり、南米を除く全大陸に及《およ》びました。

この海外の旅の世界の広がりと期間の長さを知ると、皆《みな》さんは彼女が壮健《そうけん》な女性だっ

1881年、49歳のイザベラ・バード（Anna M.Stoddart, *The Life of Isabella Bird (Mrs. Bishop)*, John Murray, 1906［筆者蔵］より）

たと思うでしょうが、身長１５０センチと小柄《こがら》な上に終生病と無縁《むえん》でない人でした。また、正しいと思うことを記し、強靭《きょうじん》な精神力で前に進む信念の女性であり旅行家でした。苦しい時や悲しい時に皆さんが、このようなことや、彼女が波瀾万丈《はらんばんじょう》の人生を人の繋《つな》がりを生かす旅によって切《き》り拓《ひら》いていったことを思い起こせば、元気と勇気を得るでしょう。本論を読み終えた時皆さんが驚《おどろ》き、旅は人生を豊かにすると実感し、今後に生かそうと思ってくれるなら幸いです。そう願い、以下彼女の旅の生涯を綴《つづ》ります。

前史

彼女の海外の旅は6期に分かれますが、前史を抜《ぬ》きには語れません。法廷弁護士として働いていたインドで妻子を失い帰国後に牧師になった父は、牧師として幾多《いくた》の苦難と挫折《ざせつ》を抱《かか》える中、再婚したバラブリッジの日曜学校で働く名家の女性だった妻と共に、

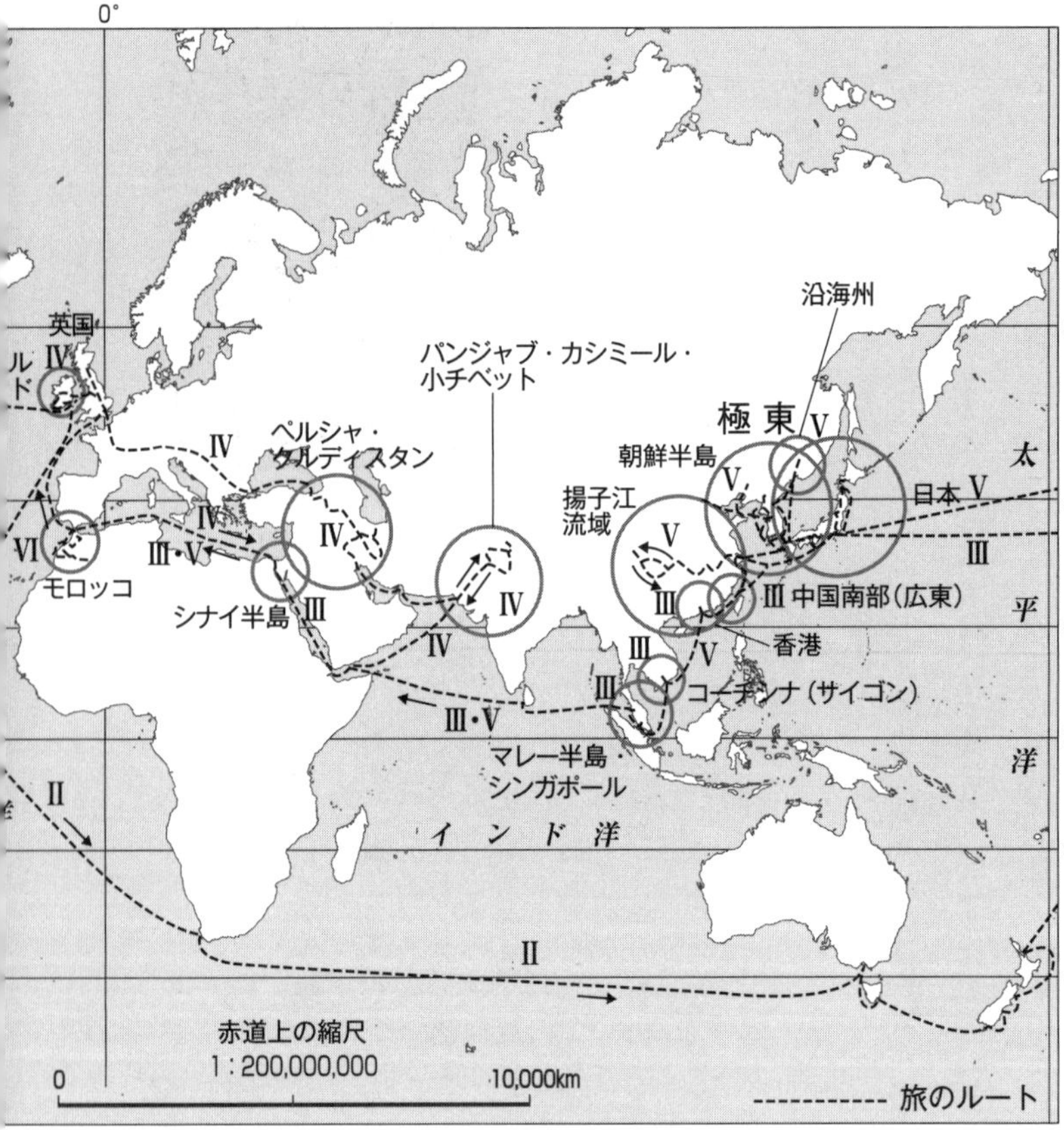
0°
英国
IV
ルド
VI
モロッコ
IV
ペルシャ・
クルディスタン
IV
III・V
IV
シナイ半島
III
パンジャブ・カシミール・
小チベット
IV
IV
沿海州
極 東
V
朝鮮半島
V
揚子江
流域
V
日本 V
III
III
III 中国南部（広東）
香港
V
III
III
コーチシナ（サイゴン）
III・V
マレー半島・
シンガポール
太
平
洋
イ ン ド 洋
II
II
60°
40°
20°
0°
20°
40°
赤道上の縮尺
1：200,000,000
0
10,000km
旅のルート

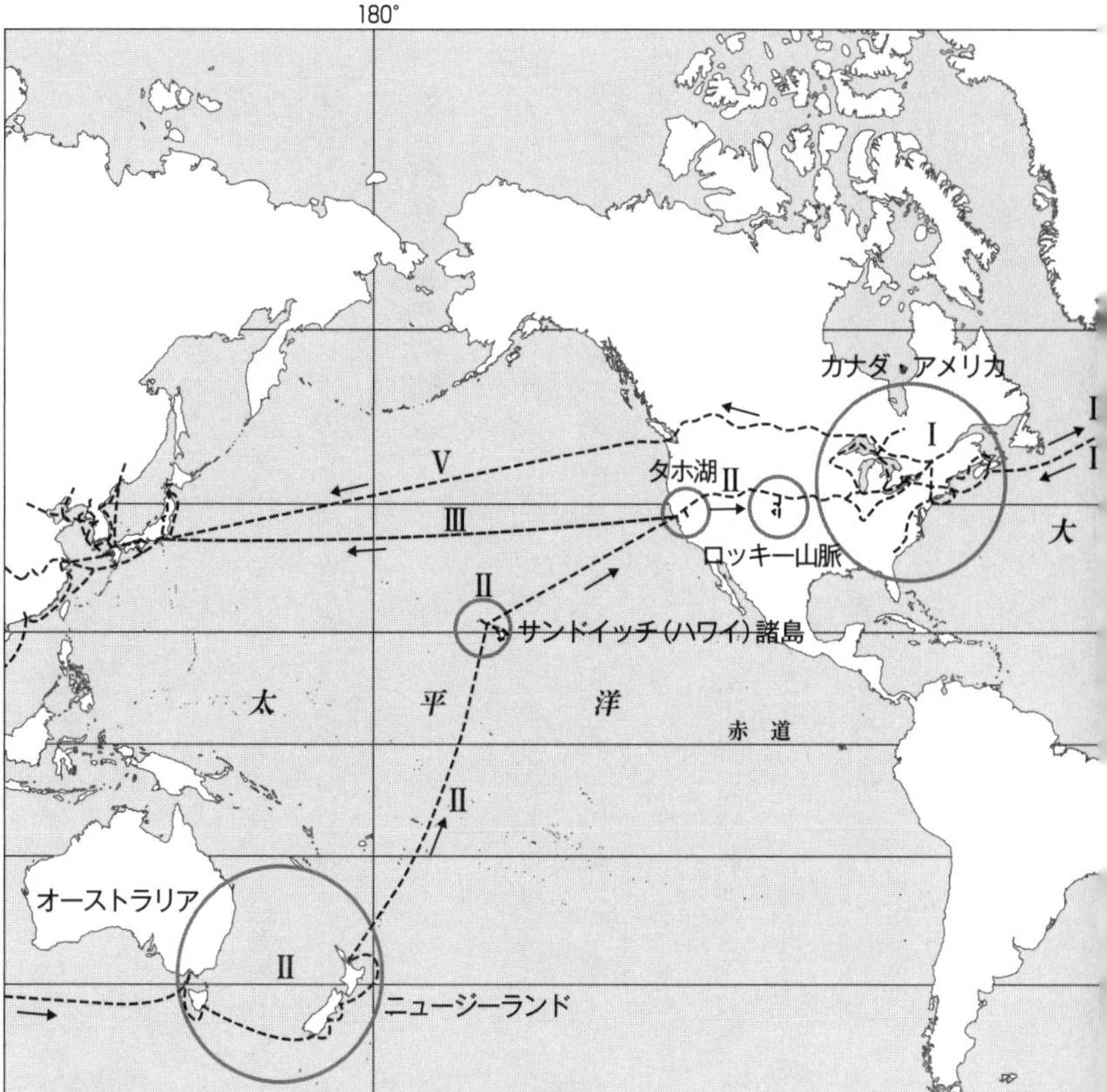

イザベラ・バードの旅程

（金坂清則『イザベラ・バードと日本の旅』（平凡社新書，2014）p.32～33掲載の地図をスケールを修正し転載）

イザベラと、3年後にイングランド中西部の町タッテンホールで生まれたヘンリエッタに、生きる力を授ける努力を傾《かたむ》けました。それはイザベラに旅行家としての力を身につけさせ、2人が力を合わせて生きていけるようにする教育でした。特に、スコットランドの貧しくも美しい高地地方《ハイランド》やヘブリディーズ諸島への家族の夏の長旅は重要で、辺境への関心というイザベラの旅行家としての特質を育みました。

第I期の旅とその前後

第I期の旅は54〜55年と57〜58年の2つの旅からなります。それぞれ7ヵ月、1年弱の、カナダ・アメリカの東部と、その南や北西への旅でした。いずれも健康回復のために医師から航海を伴《ともな》う旅を勧《すす》められて行《おこな》ったのです。が、それは22歳の一介《いっかい》の若い娘《むすめ》の好奇心《こうきしん》まかせの旅では全くありません。上院議長や総督、主教などのさまざまな要人や著名人にも会いながら、社会の諸相（最初の旅）や、地域的に多様なキリスト教の実態や奴隷制《どれいせい》（2回目の旅）を学び知る旅でした。

また、特に2回目の旅は、父の願いに応えるための旅でした。ですから、旅から戻《もど》った日に父が発病し一月《ひとつき》後に亡くなった悲しみの中で、彼女は、複数の作品を何よりも父のために出しました。キリスト教に関わる作品です。1回目の旅の記録がロンドンのジョン・マレー社から出版されたことも注目されます。何しろ同社は旅行記や旅行案内書の分野では世界最高の出版社だったのですから。同社からの出版を願うイザベラが同社から旅行記を出していたJ・ミルフォードに草稿《そうこう》を読んでもらい、それに感激した彼《かれ》が紹介《しょうかい》してくれての実現でした。

第Ⅱ期の旅とその前後

第Ⅱ期の旅は72年7月～74年1月までの長旅でした。第Ⅰ期の旅との間には14年余りの断絶があります。66年8月に母も亡くなったためです。この結果、父亡き後一家でエディンバラに移ってからのヘブリディーズ諸島の人々の移民送り出し事業の中心としてのイザベラの活力に満ちた生活は潰《つい》え、これに代わるエディンバラ旧市街のスラム住民のための活動もうまくいかず、肉体・精神ともに病む状態が2年以上も続いたのです。40～41歳の時の第Ⅱ期の旅は、長期の航海を行って状況《じょうきょう》を極力変え、海と山の大気の力で健康を回復させる以外に療法《りょうほう》はないとの医師たちの判断によって始まったのです。

大西洋・インド洋を渡っての最初の旅＝オーストラリア・ニュージーランドの旅はうまくいきませんでした。ところが、オークランドからホノルルをめざし南太平洋を北上する航海が始まった翌日に老朽船《ろうきゅうせん》がハリケーンに襲《おそ》われた時、彼女は、船上の友によれば「海の精を吸い込み」、これを機に自信と活力を得、危機が心身の健康回復に役立つことを確信しました。そしてホノルル到着《とうちゃく》後は、第Ⅰ期の旅同様、現地のさまざまな有力者との繋がりを持ち、横座りせずメキシコ鞍《くら》にまたがる現地女性の乗馬術も取り込みながら、ハワイ諸島の旅を半年にわたって満喫《まんきつ》しました。味わったことのなかった自然のすばらしさを４つの火山登攀《とうはん》も伴《ともな》って楽しむ旅でした。活火山キラウエアには２度も登頂し、科学的観察を行っています。

ただ、熱帯的な自然の魅力《みりょく》を味わう単なる冒険《ぼうけん》の旅ではなく、キリスト教化も伴って欧米列強《おうべいれっきょう》に飲み込まれつつあったハワイ王国の状況を把握《はあく》する旅でもありました。こうして健康を取り戻し新たな力さえ宿したイザベラは、サンフランシスコから全通間もない大陸横断鉄道でニューヨークに出、大西洋を横断してリヴァプールに戻りました。世界一周航海を伴う第Ⅱ期の旅は大成功でした。その最後の旅、ロッキー山脈のエスティスパークに拠点《きょてん》を置いての3ヵ月余りの騎馬《きば》の旅は、大自然の下での冒険に加え、旅の友だった無頼漢《ぶらいかん》マウンテン・ジムとの愛と別離《べつり》が軸《じく》になる特異にして大切な旅でした。

　帰国後は豊かな時を過ごしていた彼女でしたが、半年後、衝撃《しょうげき》が襲います。このジムが、彼女もよく知っていたエヴァンスに撃《う》たれ亡くなったのです。ですが、さらにその半年後に出版したハワイ諸島の臨場感あふれる旅行記が科学誌『ネイチャー』などで絶賛され、一躍《いちやく》名を馳《は》せることによって再び活力を得ると、さまざまな活動を展開し、家庭誌『レジャーアワー』に17回にわたって連載されるロッキー山脈の旅の記録もすさまじいエネルギーで完成させました。新たな旅から帰るのが1年後になることがわかっていたからです。

第Ⅲ期の旅とその前後

　第Ⅱ期の旅から戻って4年余り経った78年4月に始まった第Ⅲ期の旅は、旅行家としての生涯の一大画期となりました。その最初のものだった日本の旅以降、彼女の旅の世界が一転して非キリスト教世界、とりわけ広大なアジアに展開していったからです。そしてこのような展開の中で、イザベラは旅行家としての揺《ゆ》るぎない地位を確立していきます。第Ⅳ期の旅の後に王立地理学協会《ロイヤル・ジオグラフィカル・ソサエティ》の女性初の特別会員の栄誉《えいよ》を受けたことはその象徴《しょうちょう》です。日本の旅については、この度「nippon.com」のＷｅｂサイト（https://www.nippon.com/ja/japan-topics/g00829/とhttps://www.nippon.com/en/japan-topics/g00829/）と、Ｗｅｂ雑誌『カイ』（http://kai-hokkaido.com/feature_vol46_bird1/）に紹介しましたので、それら（後者は5回連載）に譲り、ここではポイントだけを記します。

その第一は、この旅が英国公使パークスが彼女のハワイの旅行記にヒントを得て計画し、氏の依頼《いらい》に彼女が使命感に燃えて応え、成《な》し遂《と》げた４５００キロを越《こ》える旅だったことです。当時日本では一般《いっぱん》外国人は５つの開港場と２つの開市場《かいしじょう》から40キロ以内しか移動できなかったのです！　日本側も、通訳・兼従者伊藤鶴吉《いとうつるきち》や外務省の寺島宗則《てらしまむねのり》や森《もり》有礼《ありのり》ら政府首脳から宿の主人・子供に至るまで協力しました。解禁5年後のキリスト教の普及《ふきゅう》の必要性を想い、その可能性を探る旅でもあったことも重要です。イザベラがジョン・マレーの願いを受けて刊行した旅行記２巻本を半分にした簡略本でも女性らしい単なる「旅と冒険の物語」にせず、その特質である日本の本当の姿を伝えようとしていることは、私の『新訳　日本奥地紀行』（平凡社・東洋文庫）を読めばよくわかります。

7ヵ月の間片時も時間を無駄《むだ》にせず責務を果たしたイザベラは、その後、広東・香港やサイゴンの視察を経てマレー半島西岸を5週間にわたって旅し、最後には、種々の病に苦しみながらもシナイ半島の旅を成し遂げリヴァプールに戻りました。いずれも充実《じゅうじつ》の旅でした。とりわけ念願だった聖地シナイ山の山頂で灯火の下、聖書を読み旅行家としての力がいや増すのを感得できたことは重要で、後の旅の糧《かて》になりました。

第Ⅳ期の旅とその前後

第Ⅳ期の旅は厳密には、89年2月から12月までのカシミール・小チベットの旅と、これに連続し90年12月に終ったペルシャ・クルディスタンの旅からなりますが、これらはその直前のアイルランドの真冬の旅の成功あってのものでした。この重要な3週間の旅は、出版社社主ジョン・マレーⅢ世が計画し依頼して実現した旅でした。マレーは、日本の旅行記の出版準備の最中の80年6月に編集者としての役割を果していた妹を失い、

86年3月には、81年3月に49歳で結婚《けっこん》した10歳年下の夫ジョンまでも失ったイザベラを立ち直らせるには旅しかないと考えたのです。

こうして再開されたアジアの旅のうち、最初のカシミール・小チベットの旅には、夫と妹を記念する2つの伝道病院を建設し、高度3000メートル以上の山岳《さんがく》を馬やヤクで進み、5400メートルの峠《とうげ》さえ越える冒険の旅という2つの目的がありました。

植民地インドの一部であり、チベット世界西端《せいたん》に位置する小チベットが、ロシア帝国との間にいわゆるグレート・ゲームを展開していた大英帝国《ていこく》にとって、対ロシア・対中国との関係で重要だったことも無視できません。引き続いて行ったペルシャ・クルディスタンの旅は、インド情報局のソイヤー少佐によるザグロス山脈の軍事地理的調査に同道したキャラバンの旅と、ボルージェルドでソイヤーと別れ真冬のクルディスタンを従者1人を伴って走破《そうは》し黒海沿岸のトラブゾンに出た「凄《すさ》まじき旅」からなります。
が、彼女《かのじょ》の真にすごいところは、帰国後、時に厳しい旅を伴っての講演や論文・著書によって旅の成果を披露《ひろう》し続けただけでなく、ペルシャの旅でその意義を実感した写真撮影《さつえい》を、次の旅で生かすために本格的に学び、再びアジアに旅立ったことです。

第Ⅴ期の旅とその前後

この第Ⅴ期の旅は94年1月に始まり97年3月まで続く、3年2ヵ月もの最長のものでした。万が一を考え、前回同様身辺を整理して出かけた旅でもありました。時にイザベラ62歳から65歳。

舞台《ぶたい》は日清戦争前後の極東であり、旅は大きく2つからなっていました。1つは日清戦争の核心《かくしん》地域だった朝鮮《ちょうせん》半島の漢江《かんこう》流域、次に満州の奉天《ほうてん》や北京《ペキン》、さらにはロシア領満州を訪れ、戦時下の諸相を現地から英国の新聞社に伝える旅でした。英国のみならずロシアの高官の援助《えんじょ》さえ得て行い、李氏《りし》朝鮮の高宗・閔妃《ミンピ》夫妻の要請《ようせい》にも応え一度ならず会った旅でした。日本での静養中に閔妃暗殺の噂《うわさ》を聞いてソウルに戻り、その後敢行《かんこう》した朝鮮半島北西部の旅も、戦争は終っていたものの、この1つ目の旅の一部でした。

これに対し、一大目的を果たした後の、95年12月から96年6月までの揚子《ようす》江《こう》流域とその奥地の旅には、明らかに異なる2つの目的がありました。その1つは揚子江流域の四川省における英国教会伝道協会《チャーチ・ミショナリー・ソサエティ》と中国内陸宣教会《チャイナ・イングランド・ミッション》の活動を視察することであり、いま一つは、その先に広がるチベット世界を旅し、その実相を学び知り、書物にすることでした。

7年前にその西端小チベットを旅していた彼女によって、その東端、四川《しせん》省の奥地を旅することは何としても果たさねばならないことだったのです。チベット本体へは入り込めなかったのですから。領事待遇《たいぐう》の旅券（護照）を携《たずさ》えての旅だったにもかかわらず、官憲や住民などからの激しい妨害《ぼうがい》や危害を受けつつも揚子江流域とその奥地の旅を成就《じょうじゅ》できたのは、目標達成への強固な信念と困難に立ち向かう凄まじい気力、並はずれた旅する力もあってのことでした。ペルシャの旅で威力《いりょく》を知った写真を駆使《くし》し、旅行記に新境地を開くための写真撮影も、簡単なことではなく時に身の危険を伴うものでした。

97年3月ロンドンに戻ったその日の日記に「神の恵《めぐ》みによりし燃えるがごとき3年と2ヵ月」と記したイザベラは、第Ⅳ期の旅から戻った時と同様、執筆《しっぴつ》に講演に精力的に取り組みました。そして、98年秋には揚子江流域の旅行記の執筆に専念するため居をロンドンから父の臨終の地ウィトンに移し、写真集や日本の旅行記の新版の出版準備もここで進めました。

1900年に出たこの新版は、滞在《たいざい》期間は都合1年弱に及んだものの、極東の厳しい旅の合間のベースキャンプだった日本についても一書を最後の書物として出したいと考え、重要だっただけでなく簡略本にとって代わられていた20年前の2巻本の旅行記の一部を削除《さくじょ》し、写真などを加えたものです。その表題頁《タイトルページ》のDai Nippon Banzai（"Great Japan for Ever"）という記載《きさい》は、前回の旅以降の日本の発展についての彼女の評価の反映です。その一方で、キリスト教が広がる見通しは前回訪問時に比べて明るくないとも記しています。そしてこの出版によって第Ⅴ期の旅の成果を公表し終えたイザベラは1900年の末モロッコへと旅立ちました。

第Ⅵ期の旅とその後

この旅は初め中国の旅とセットで計画されました。78年の日本の旅で彼女を援助し、95〜96年にも中禅寺湖畔に建てた別荘で旧交を温めたアーネスト・サトウが1900年に日本公使から清国《しんこく》公使に転じ、その誘いを受け彼の新旧の赴任地の旅を考えたのです。モロッコに限ったのは健康上の理由です。この第Ⅵ期の旅は、ペルシャやクルディスタンと同じイスラム世界に属し、英国も関心を有していた「瀕死《ひんし》の国」の実相を冒険的な旅を通して捉《とら》える旅でした。その意味で、アジアの旅ではないものの第Ⅳ期以降の旅と繋がるものでした。現地の英国人の援助を受けて旅したという点も同様です。

帰国後は雑誌への旅行記の執筆以上に、伝道活動に関する講演を、強い精神力でもって、また厳しい旅を伴いながら、凄まじい勢いで展開していきました。その彼女が、天国に旅立ったのは、73歳の誕生日が目前の１９０４年10月7日でしたが、その前日に彼女の口をついて出た言葉には、旅によって人生を切り拓いたイザベラのすべてが集約されています――「最早《もはや》なすべきことはない。すべてを実現し、すべてを果たし、すべてを記した」。何と強い言葉でしょう！　何と見事な生涯でしょう！　旅はその人生を豊かにする源でした！

イザベラの旅のツイン・タイム・トラベルのススメ

以上からわかるように、イザベラの旅はいずれも長旅であり、特に、すべての身寄りを失った後の第Ⅳ期以降の旅は厳しく、危険を伴い、21世紀に生きる私たちの旅とは全く異なり、全体を追体験できるものではありません。ですが、いわば古典である彼女の旅の記録の正確な訳書を携えてその一部を訪れ、多様な属性をもつ私たちの旅に主体性をもたせて重ね合わせる旅、私が「ツイン・タイム・トラベル」と称《しょう》する旅は、私たちの旅を豊かにしてくれます。新しい旅の形です。これをコンセプトとする延べ2年余りの世界巡回《じゅんかい》写真展を記念して作った日英併記の写真集『ツイン・タイム・トラベル　イザベラ・バードの旅の世界』（平凡社）を見ればそう実感できます。Twin Time Travel は世界に通じます。ぜひ試みてみて下さい。安全には気をつけて。

金坂清則 Kanasaka Kiyonori

１９４７年富山県生まれ。京都大学名誉教授。専門は人文地理学、イザベラ・バード論。福井大学助教授、大阪大学教授、京都大学教授を歴任。イザベラ・バードに関する研究・写真展などが評価され、王立スコットランド地理学協会特別会員、王立地理学協会特別会員となり、日英協会賞を受賞。著書に『イザベラ・バードと日本の旅』『ツイン・タイム・トラベル　イザベラ・バードの旅の世界』など、訳書に『完訳　日本奥地紀行』全４巻、『新訳　日本奥地紀行』（以上、平凡社）などがある。

夏目漱石《なつめそうせき》18歳《さい》の江の島旅行

香日《こうひ》ゆら　漫画家

明治の文豪《ぶんごう》
夏目漱石が
当時つるんでいた
仲間たちと
※現代で言えば
予備校が一緒《いつしよ》だった
グループ
勉強なんて
しないぜー
明治18年
東京大学予備門予科生
まだ髭《ひげ》も
生やしていない
18歳の頃《ころ》の話
はにかみ屋
江の島に
一泊《いっぱく》旅行に
行こう!
流れは不明だが
とにかく
こういうことになった
主な登場人物
夏目金之助《きんのすけ》
後の文豪・夏目漱石
いろいろあって当時は塩原姓《しおばらせい》
中村是公《よしこと》
後の満鉄総裁　通称《つうしよう》ぜこう
太田達人《たつと》
この旅の話を記録に残してくれた人
※参加者は推定7人。
誰《だれ》の発言かについては
資料に記述が乏《とぼ》しいので
その辺りは適当です

この旅に準備するもの
・会費10銭
・赤毛布《ゲット》
・草履《わらじ》
・握《にぎ》り飯《めし》3食分
当時 新橋から横浜《よこはま》まで汽車が走っていたが
急行45分!!
歩くと1日かかる距離が1時間以下に!!
とはいえ汽車は横浜までしかないし
会費が10銭ではとても乗れやしない
新橋ー横浜間は一番安い下等運賃でも約30銭 米10kgと同じくらい
汽車には乗らない徒歩遠足だ
唯一の江の島経験者
片道16里か
彼《かれ》らの住んでいた神田猿楽町《さるがくちょう》から江の島まで地図アプリで検索《けんさく》すると70㎞弱で徒歩12時間ほど
当時の人は健脚《けんきゃく》であるとはいえ厳しい距離《きょり》である
旅の予定は…
歩いて行って歩いて帰る
ざっくり
着いた晩は江の島の弁天様のお宮の拝殿《はいでん》にでも泊《と》まろう
そんなものは予定とは言わない

神田猿楽町を
真夜中に出て
足痛いー
もう無理だ
帰るー
みんな
痛いんだ
一緒に行くぞー
やっと着いた
江の島は
暗っ
ざざーん
どうやって
渡《わた》るんだ？
わからん
この前来た時は
こんなはずじゃ
なかったが
渡れないんじゃ
仕方がない
うーむ
寝《ね》るか
※海岸の窪地《くぼち》
野宿!!
雨が降り
ポッ
ポッ
ポッ
ビュウウウウ
ヒュー
風は吹《ふ》き
犬が鳴き
ワン
ワン
ワン
ワン
朝になっても江の島は
海の向こうだった
どうやって
渡るんだ？
あの木
戦々《せんせん》兢々《きょうきょう》と
してるぞ
ジャリ
ジャリ
ジャリ
俺《おれ》の脚絆《きゃはん》が
無い！
あの犬が
咥《くわ》えてるぞ！
ワン
ワン
ザザー
砂まみれー

当時江の島に渡るには
干潮時に歩いて渡るか
満潮時に渡《わた》し舟《ぶね》か
人足に背負ってもらって
渡るかだった
客か？
客か？
じゃぶ
じゃぶ
※江の島に桟橋《さんばし》が架《か》けられたのは明治24年
金を払《はら》って渡してもらうしかないか
知らない海を渡るのは危険だし
背負ってもらうにも全員分の金は無いぞ
一人だけ背負ってもらって残りは後をついていけば
よし じゃあ誰が
俺がおぶさる！
しゃぱっ
「そこらは素早い男でしたよ」太田談
ちゃっかり
一行は無事江の島を満喫《まんきつ》
ラクチン
まあ金ちゃんだから…
じゃぶ
じゃぶ
明治時代の人だって後に偉《えら》くなった人だって仲間と一緒にノリと勢いでバカと無茶をする
グダグダだけど楽しそうな若き夏目漱石の旅でした
帰りは汽車で帰る組と駆《か》け足《あし》で帰る組に分かれ漱石は駆け足組だったが…
ちゃっかり
早かったな
あれ？
嫌《いや》になったから俺だけ途中《とちゅう》で汽車に乗ってきた
汽車組

香日ゆら Kouhi Yura

青森県生まれ。著作に『先生と僕　夏目漱石を囲む人々』青春篇・作家篇（河出文庫）、『夏目漱石解体全書』（河出書房新社）、『漱石とはずがたり』全2巻（KADOKAWA／メディアファクトリー）、『三枝教授のすばらしき菌類学教室』（KADOKAWA／BRIDGE COMICS）などがある。ツイッターアカウント→@kouhiyura

Ⅳ

インターネットを使いこなそう

WORLDLY WISDOM
FOR 14 YEARS OLD

家でもできる旅人のインターネット活用術

文筆家
牧村朝子《まきむらあさこ》

いつかあなたが会うその人は、いま、どこで何をしているのでしょう。

はじめまして。このページ越《ご》しにあなたにお話しできて嬉《うれ》しく思います。旅の本を開いたあなたですから、きっと旅に興味があるのですね。わたし、旅が大好き。１９８７年に神奈川《かながわ》で生まれ、22歳《さい》で初めて外国に行き、以降、12カ国１００都市以上を旅しながら、本や記事を書く仕事をしてきました。楽しいです。

先月はニュージーランドで、料理好きの女性と友達になりました。その人の家で、世界中の人と、世界中いろんな食べ物のバーベキューをしました。イタリアのポルトベロ。

フランスのフロマージュ。北アフリカのクスクスサラダに、ちっちゃなちっちゃなキウイベリー……。

「わたしたち、インターネットがなかったら知り合えてなかったね。もし出会っていても、お互《たが》いことばが通じなかったら、一緒《いっしょ》にバーベキューできてないんだよね」

そんな話を英語でしました。ニュージーランドのお肉に、日本の焼肉のタレをつけて食べながら。全くその通り。その友達とわたしとの縁《えん》は、インターネットの国際文化交流サイトで知り合った人が結んでくれたのです。

インターネット……中国語で「網路」。世界を覆《おお》う情報の網《あみ》、人と行《い》き交《か》う交流の路《みち》です。あなたもいつか旅先で、世界のみんなとバーベキュー。「旅」に必要な情報を見るだけでなく、「旅人」として世界とつながるインターネット活用法を、ぜひ、考えていきましょう。わたしのしてきたことを、いまからあなたにお伝えしますね。ひとつひとつ、具体的に。おうちで、すぐにできることから。

遠くのことばに触《ふ》れてみよう

まずは、ことば。旅したいところ、興味のあるところはありますか？ そこで話されていることばを調べて、動画や音楽、入門書やアプリを探してみましょう。慣れてきたら、言語交換《こうかん》サイトを探して、日本語を練習したい人とお互いの言語を交換するのもいいでしょう。もちろん、変な人もいますから、顔を見せない・個人情報を教えない・いずれ仲良くなって会う時も二人きりでは会わない、とか、少しずつ進めていく必要はありますね。

わたしは、13歳くらいの時だったかな、社会の教科書で見たギリシャに行きたくてたまらなくなりました。でも13歳じゃバイトできないし、お年玉でギリシャは無理。だから、同い年のギリシャの子を国際文通サイトで探し、トマくんという子にメールをしました。トマくんはギリシャ語と英語で返事をくれて、ギリシャ語でドラゴンボールの歌を教えてくれました。やがて大人になって、ギリシャの古代神殿《しんでん》に、トマくんの名前をギリシャ文字で書いたときの頭文字、Θ《シータ》の刻まれた石碑《せきひ》を見つけた感動。あの感動があったのも、あの感動を伝えられたのも、インターネットのおかげです。

さて、もうひとつ、おうちから始められることを紹介《しょうかい》しましょう。

写真・動画はボーダレスな自己紹介

あなたには、好きなこと、得意なことはありますか？　もしあれば、ぜひ写真や動画を撮《と》りためてください。ネットに公開するのもいいでしょう。フォロワー数や変なコメントで一喜《いっき》一憂《いちゆう》する必要は全くありません。なぜなら目的は、ネットで目立つことじゃなく、リアルにわかりあうことだから。

わたしは料理が好きで、作った料理だけを載《の》せるＳＮＳアカウントを持っています。旅先で「日本食を食べてみたい」というおばあさんに見せ、食べたいものを写真から選んでもらって作りました。おばあさんはお礼にと、家に代々伝わるチーズスコーンのレシピを教えてくれました。今度、それも作ってアップしよっと。

自分で何か作らなくても、例えば、自分の住む都道府県や市区町村の写真をすぐに出せるようにしておくだけでも、旅先で会話が盛り上がります。本当に遊びに来てくれた人もいましたよ。

ことばに触《ふ》れて、写真をためて、旅人になる準備ができたら。さあ、宿泊《しゅくはく》先や移動手段を探してみましょう。

宿探しや移動は現地情報がいちばん

翻訳《ほんやく》アプリも便利ですが、機械翻訳できる時代だからこそ、少しでもことばを自分で覚えていくと、その真心が伝わります。もちろん、世界中の宿や交通を日本語で検索《けんさく》できるサイトや、プロの通訳ガイド、旅行代理店のサービスを頼《たよ》るのも選択肢《せんたくし》です。けれどわたしは、自力で現地の人たちに馴染《なじ》みたい。なので、旅に出ることにしたら、次のように検索します。

（街の名前）＋（「観光協会」「宿泊」「交通」を意味することばを、現地語で）

これで、日本語ではありえない価格、得られない情報にたどり着けますよ。

フランス・ロシュフォールで泊まった船の船長室。世界中の人が書き込めるノートが置いてありました（筆者撮影）

フランスのロシュフォールを旅したときは、普《ふ》通《つう》の観光ホテルが9千円くらい。だけどフランス語で検索したら、なんと、泊《と》まれる船を発見しました。フランス語でメールして交渉《こうしょう》し、5000円で船まるごと借りられましたよ。ブラボー。

公的な観光協会や観光課を頼《たよ》る、というところもポイントです。奄美《あまみ》大島の港から「とりあえず来た船に乗ろう！」をやって、請島《うけしま》という島に到着《とうちゃく》し、ヤドカリが遊ぶ美しい海辺で「えっ、帰りの船も宿もなくない？」と気づいたときは、役所の観光課に電話して宿を紹介していただきました。請島と瀬戸内《せとうち》町役場のみなさん、その節はすみませんでした。大手国内旅行サイトには載っていない請島は素晴《すば》らしいところで、翌年も蛍《ほたる》と星空と海を見に請島に行きました。今度は、観光課に連絡《れんらく》してからね。

移動も現地語ができたほうが経済的かつ安全です。例えばフランス語が読めれば、パリの交通ストライキやデモ計画表も読めます（そう、計画表があるんです）。

ということで、インターネットを使ってことばに慣れよう、ことばを使って得しよう、という話をしてきました。最後は、もしことばで困っても、という話です。

ことばで困っても……翻訳アプリ以外の小技《こわざ》

お絵描《えか》きアプリと、画像検索。旅の強～い味方です。

たとえば、タイのバンコクで渡《わた》し舟《ぶね》に乗るとき。お絵描きアプリを使い、地図上の行きたい場所に書いてあるタイ語の名前を書き写して、片言のタイ語で「お願いしまーす」と言って係の人に見せたら、ニコッとしてもらえました。台湾《タイワン》のポンフー島でも、現地の人と夕食をご一緒しながらお絵描きアプリで漢字筆談しました。「飯　多　美

お絵描きアプリ利用法。行く場所が決まっているなら、あらかじめ書いておくのも手ですね

味！」とかいってね。正確じゃないですけど、楽しいおしゃべりでした。字や絵で通じなくても、日本語で画像検索して写真を見せればOKです。

　あと、旅先でメニューが読めない時も、現地語での画像検索が便利です。魚介《ぎょかい》類なんか特にそうです。フランス語の「Amande de mer」を「ホンタマキガイ」と訳されてもよくわかりませんが、画像検索なら一発でどんな貝かわかりますからね。

網を片手に、路をゆこう

　インターネットは中国語で「網路」、というお話をしましたね。情報の網をうまく使って、楽しい旅路をゆきたいものです。

「国と国とのあいだに郵便電信機がよく開《ひら》けてあれば、戦いは自然に止《やん》で平和《おだやかに》なり」

　これは1876年、インターネットのご先祖さま・電信線の開通をよろこんだ人が書いた文章です（復刻版『七一雑報』第1巻、不二出版、１９８８年）。残念ながら人類は、この後、戦争や憎悪《ぞうお》犯罪（ヘイトクライム）を繰《く》り返《かえ》し、１８７６年のこの人の夢は、いまだ叶《かな》えられてはいません。だけど……いえ、だからこそ。あきらめたくないなって、思うのです。小さい小さいスマホ画面で「ナニナニ人がナントカだ〜」みたいな悪口読んでる自分より、その向こうの人にちゃんと会いに行ける、一緒にバーベキューできる自分でいるほうが楽しいもんね。だから。

網を片手に、路をゆきましょう。あなたが未来に出会うその人は、今も確かに生きていますよ。画面の向こうに。海の向こうに。今も、確かに生きていますよ。

牧村朝子 Makimura Asako

文筆家。14歳の時には、インターネットで文章を書いていた。２０１３年『百合のリアル』（星海社新書）を刊行、台湾版も出版。仏大使館主催討論、米国取材など、ことばを学び世界をめぐって講演・執筆を続けている。愛称は「まきむぅ」。公式サイト→yurikure.girlfriend.jp/yrkr/／ツイッターアカウント→@makimuuuuu

インターネットフル活用で リアルな旅も気軽に行こう

プロトラベラー
羽石杏奈《はねいしあんな》

プロトラベラーという仕事

皆《みな》さんは「プロトラベラー」*って知ってますか？

今は、誰《だれ》もがインターネットを通して、自分を表現できる時代です。また、旅に行かなくても、スマホやパソコンを通して、情報は十分なくらい手に入るし、世界の様々な場所を映像や写真で知ることもできます。

「プロトラベラー」はそんな現代にあって、主にSNSなどで情報を得る若い世代に向けて、「旅の素《す》晴《ば》らしさを伝え、より多くの女性を旅に誘《いざな》い、彼女《かのじょ》たちの人生を豊かにすること」を仕事とする新しい職業です。実際に現地に行って旅をする「実行力」と、写真や文章を通して、旅の魅力《みりょく》をわかりやすく伝える「表現力」が必要とされます。

私がプロトラベラーとして活動し始めて、もうすぐ3年が経《た》ちます。

世界中を旅しながら、旅先の魅力を発信することをミッションとするこの職業を知った時、昔から旅と写真が大好きで、ハワイ留学も含《ふく》めて学生の間に20カ国以上を旅してきた私にぴったりだと思いました。自分からマネージメントを行う会社にアプローチをしてプロトラベラーになることができました。

今まで旅をした国は約60カ国。２０１９年は、1年間を通して、２５０日以上旅をしていました。観光に携《たずさ》わる様々な企業《きぎょう》やカメラメーカーなどからの依頼《いらい》を受けて、インスタグラム、ツイッター、ＹｏｕＴｕｂｅなどのソーシャルメディアを通してのＰＲが主な仕事です。旅先で動画や写真を撮影《さつえい》して、宣伝用の素材を作ったり、旅に関するトークショーに出演したり……。この職業をもっと知ってもらうためにテレビに出演することもあります。

仕事として旅をする時は、ミッションとスケジュールがきちんと決まっていて、「仕事」であることが旅のモチベーションをあげてくれます。

例えば、海外の航空会社からの依頼では、旅先の魅力だけではなく、トランジットで滞在《たいざい》するわずかな時間も楽しめることや、飛行機自体のかわいさや快適さをアピールするなど、移動時間も含めてすべてが「発信」の対象となります。また、海外の観光局からの依頼では、いわゆる観光名所だけではなく、現地の人でも気づいていない魅力的な写真撮影スポットを見つけたり、若い世代が欲しくなるような雑貨、食べたくなるような食べ物やお菓子《かし》、体験したくなるようなアクティビティをチェックしたりすることで、その場所に実際に「行きたくなる」感動を伝えることがとても大切になります。

一方で、プライベートの旅は当日に予定を決めることもあり、仕事の時とは全く違《ちが》うタイプの旅になることが多いのですが、どちらの旅もすごく楽しいです。

プロトラベラーになってからは、仕事として、たくさん写真を撮《と》るようになったこともあり、プライベートの旅では全くと言っていいほど写真を撮らなくなりました。職業病で、プライベートの旅でも気がついたら、「ここは魅力的な写真が撮れるな」など仕事の頭で考えてしまう事もあるのですが、オンとオフをきちんとわけるため、意識的に携帯《けいたい》やＳＮＳには触《ふ》れないように、のんびり過ごすようにしています。

旅のオススメアプリ

旅に出る前の飛行機や宿の予約は基本全てスマホで行います。その後、訪れる予定の国の基本情報や大体のルートを決めるのにも、インターネットをフル活用。その国への旅行者や在住者のＳＮＳなどを読《よ》み漁《あさ》って、情報収集しています。

旅の途中《とちゅう》でも、インターネットは常に使います。街の細かい情報やホテルを調べたり、マップを見たりするのはもちろん、かわいい雑貨屋さんやおいしいレストランなどを見つけたら、現地の公式サイトや、そのお店の名前などのハッシュタグで現地語のインスタグラムなどのＳＮＳもチェック、そのお店の人気度を調べます。そして、私のＳＮＳを見てくれている人にきちんと情報を伝えるため、位置情報をつけて投稿《とうこう》したり、投稿時に忘れないよう訪問時にレストランのメニューを撮影しておいたりもします。また、現地で感じたちょっとしたことが、見ている人の共感を呼ぶことも意外と多いので、常に五感を働かせ、旅先での魅力や感動がなるべくダイレクトに伝わるよう意識しています。

仕事としていく旅が多いこともあり、Ｗｉ－ＦｉやＳＩＭカードなどでインターネット環境《かんきょう》を確保しておくことが必須《ひっす》。常に情報を手に入れられる安心感もあり、旅がものすごくシンプルになります。実用的な面でいうと、「Currency」などの通貨変換《へんかん》アプリを入れておくのもおススメです。一度に数カ国旅することもあるので、すごく便利。万が一に備えて、オフラインでも使えるものをダウンロードしておくのも良いと思います。

チュニジアで円形闘技場を訪れた時の1枚。愛用のカメラとともに

旅先で、写真や動画などの魅力的な素材が撮れたら、現地での移動中にスマホのアプリで編集する事が多いです。スマホは、仕事とプライベート、どちらの情報も詰《つ》まった何よりも大事にす

るもの。正直パスポートより無くしたくないものです（笑）。

　仕事のとき、発信するＳＮＳとして、一番使うのがインスタグラム。１枚１枚の写真や動画が作品と言えるくらい、背後のストーリーも作りこみ、加工にもこだわっています。また、見てくれているフォロワーの方々の生活時間などを意識して、素材をアップする時間や頻度《ひんど》なども、変えたりしています。

　また、カメラは、必需品《ひつじゅひん》の仕事道具です。プロトラベラーになると、カメラ自体の魅力をアピールする仕事もあるので、カメラの種類や特徴《とくちょう》などもきちんと勉強しなおしました。メインは一眼レフのカメラを使いますが、動画撮影や海での撮影などにも使えるようにアクションカメラやドローンを持っていくこともあり、１回の旅で２～３種類持っていく事が多いです。

　魅力的な写真を撮るコツは、風景なのか、物なのか、人なのか、何をメインに写したいのかを明確にすること。撮影する前に、色味や画角を考えて撮ると、加工が楽になってオススメです。

旅先での出会い

　旅に出ることの一番の魅力は、世界中の人と出会えること。インターネットを通して、旅の魅力を発信しているからこそ強く感じます。

　普段《ふだん》出会う事がないような人たちに、今までの旅でたくさん出会ってきました。

　〝旅先での出会い〟というのは、1人旅が好きな理由の一つでもあります。誰かと一緒《いっしょ》に行く旅と比べると、圧倒的《あっとうてき》に1人旅の方が出会いが増えると思っています。

　旅中の出会いは主に2つあり、1つは現地の人と友達になる事。

　泊《と》まる宿の人やツアーのガイドさんと仲良くなったり、たまたま入ったカフェで話しかけられて友達になったり。

　タイでは現地で仲良くなったタイ人の友達が結婚式《けっこんしき》に招待してくれたり、エジプトでは街中で出会った人がバイクで観光地を案内してくれたり、ナミビアでは世界一美しい民族と言われているヒンバ族が暮らしている村にお邪魔《じゃま》し、実際に村での生活を体験させてもらったり、という経験もありました。

ナミビアにて、アンゴラ族の民族衣装を着用し撮影

もう1つは、同じように世界中を旅している旅人との出会い。

お互《たが》い母国じゃない国を旅している最中に出会って、いろんな文化や価値観を共有することはとっても貴重で、良い意味で価値観が壊《こわ》されるような刺《し》激《げき》。

仲良くなって、お互いの国を訪れて再会したりなど、世界中に友達ができました。

旅をしていろんな歴史や文化を学んで、新しい経験がたくさんできるのはもちろん旅の大きな魅力ではあるけれど、人との出会いがより濃《こ》い印象的な思い出にしてくれると思っています。

旅先での出会いはそれぞれバックグラウンドが違う事が多いので、ライフスタイルや様々なことへの価値観が違い、学ぶ事がすごく多いです。出会いは、いろんな面で自分自身を成長させてくれ、世界を広げてくれます。

この原稿《げんこう》を書いている今、世界に広まっているコロナウイルスの影響《えいきょう》もあり、旅に出られなくなってしまっているけど、海外旅行って本当は思っているよりすごく簡単で身近なもの。

若いうちにいろんな経験をすることは将来財産になるので、是非《ぜひ》たくさん旅をしてください。怖《こわ》がらずに一歩踏《ふ》み出《だ》してみたら、果てしなく広い世界が広がっています！

＊「プロトラベラー®」はミツバチワークス株式会社の登録商標です。

羽石杏奈 Haneishi Anna

１９９４年生まれ。ハワイ留学後、「テラスハウス ALOHA STATE」に出演。ハワイ生活で培《つちか》ったコミュニケーション力と度胸を武器に、一人旅をこよなく愛する生来のトラベラー。インスタグラムアカウント→@hawaiianna913

新たな扉《とびら》を開く
旅のブックガイド20

紹介する書籍中、電子書籍版のあるものには◆を付しました。

旅の本屋のまど 店長

川田《かわた》正和《まさかず》

出版社を退社後、世界各国の旅に出て、海外の旅行専門の書店を見聞する。帰国後、一般書店勤務を経て、2007年、旅に関する書籍をメインに取り扱う「旅の本屋のまど」を東京の西荻窪に開業。公式サイト→nomad-books.co.jp

BOOK 01

深夜特急1～6

沢《さわ》木《き》耕《こう》太《た》郎《ろう》

新潮文庫　◆

ノンフィクション作家である著者が、26歳《さい》の時に仕事をすべて投げ出し、インドのデリーからロンドンまで乗合バスで横断しようと計画してユーラシア大陸を1年以上放浪《ほうろう》した旅の記録で、言わずと知れた紀行エッセイの金《きん》字《じ》塔《とう》的《てき》な作品。発売から30年以上経た今もなお若者の旅のバイブル的存在で、個人的にも旅のスタイルに多大なる影響《えいきょう》を受けました。もしも本書と出会ってなければ旅の本屋をやっていなかったかも?

Profile

1947年東京生まれ。ノンフィクション作家。『若き実力者たち』『敗れざる者たち』（以上、文春文庫）で注目を集め、以降『テロルの決算』（大宅壮一ノンフィクション賞、文春文庫）、『一瞬の夏』（新田次郎文学賞、新潮文庫）、『凍』（講談社ノンフィクション賞、新潮文庫）などを発表。ほか、エッセイに『旅する力　深夜特急ノート』（新潮文庫）など。

BOOK 02

何でも見てやろう

小《お》田《だ》実《まこと》

講談社文庫

1950年代にフルブライト留学生として1年間、ハーバード大学に留学した著者が、その後、半年かけてヨーロッパ、中近東、インドなど22カ国を1日1ドルで巡《めぐ》って綴《つづ》った世界見聞録。知的な感性と動物的な行動力を併《あわ》せ持《も》った彼《かれ》の世界の思想や文化に対する考察は、60年以上経た今もなお全く古びることがなく、日本の旅行記の古典といって差し支えないでしょう。「何でも見てやろう」という気持ちで旅立てば、旅がいっそう面白くなるはず。

Profile

1932年大阪生まれ。小説家、評論家。『何でも見てやろう』はベストセラーとなる。1965年開高健、鶴見俊輔らと「ベトナムに平和を! 市民連合」(ベ平連)を結成、反戦運動の旗手として活躍。主な著書に『現代史』『HIROSHIMA』『ベトナムから遠く離れて』(以上、講談社「小田実全集」所収)、短編「『アボジ』を踏む」(川端康成文学賞、講談社文芸文庫『「アボジ」を踏む』所収)など。2007年没。

BOOK 03

12万円で世界を歩く

下川《しもかわ》裕治《ゆうじ》

朝日文庫　◆

還暦《かんれき》を過ぎた今でも精力的に旅の本を出し続けていて、「旅行作家界の生きる伝説」である著者のデビュー作。赤道直下やヒマラヤ、カリブ海、韓国《かんこく》、中国、インド、シルクロード、東南アジアなど、1回12万円という限られた予算で世界中のあらゆる地域に飛《と》び込《こ》み、現地の物価を体感しながらトラブルに巻き込まれつつ究極の貧乏《びんぼう》旅行を敢行《かんこう》したその体力とバイタリティに脱帽《だつぼう》。30年ぶりに同じルートを旅した続編『12万円で世界を歩く　リターンズ』もあわせてどうぞ。

Profile

1954年長野県生まれ。旅行作家。30年以上バックパッカースタイルで旅を続けている。『12万円で世界を歩く』は、バックパッカーたちのバイブルとして知られている。これまで訪ねた国は70カ国以上。主にアジア、沖縄をフィールドに作品を発表。近刊に『一両列車のゆるり旅』（双葉文庫）、『週末ちょっとディープなベトナム旅』（朝日文庫）など。ツイッターアカウント→@Shimokawa_Yuji （⇒p102）

BOOK 04

メメント・モリ

藤原新也《ふじわらしんや》

朝日新聞出版

『印度放浪《ほうろう》』、『全東洋街道』など、世界を彷徨《さまよ》い放浪しながら強烈《きょうれつ》な写真と文章で綴《つづ》る骨太な紀行本で知られる著者が、1970年代から80年代初めの約10年間に写真家として世界各地を巡《めぐ》って撮影《さつえい》した写真の中から74点を抜粋《ばっすい》して、その一点一点に言葉を付した写文集。どの写真もインパクトが強烈なのですが、やはり一番印象的なのはガンジス河の河原で人の遺体が野良犬に食われている写真とその言葉。「ニンゲンは犬に食われるほど自由だ」。

Profile

1944年福岡県生まれ。写真家、作家。インド、チベットなど世界各地を巡り、作品を発表。近年はそのまなざしを日本に向けている。『逍遙游記』(朝日選書)・『西蔵《チベット》放浪』(朝日文芸文庫)で木村伊兵衛写真賞、『全東洋街道』(集英社文庫)で毎日芸術賞受賞。主な著作に『印度放浪』『東京漂流』(以上、朝日文庫)、『日本浄土』(東京書籍)など。公式サイト→fujiwarashinya.com

BOOK 05

アジアン・ジャパニーズ 1

小林《こばやし》紀《き》晴《せい》

新潮文庫

新聞社のカメラマンだった著者が、23歳《さい》の時に3年半勤めた会社を辞めアジアの旅に出て、その際に知り合った数多くのアジア各国を旅する若い日本人に、4年後に再び会いに行き、日本を離《はな》れてアジアを旅したことの意味を問いかけたノンフィクション。個人的には『深夜特急』よりも影響《えいきょう》を受けた旅の本で、旅する若者の等身大でリアルな姿に共感を覚えます。特に、文中に出てくる「嫌《いや》だったら旅に逃《に》げればいい」という言葉が印象的。

Profile

1968年長野県生まれ。写真家。1995年『アジアン・ジャパニーズ』で鮮烈なデビューを果たす。主な著作に『アジアロード』（講談社文庫）、『homeland』（NTT出版）、『Days New york』（平凡社）、『旅をすること』（エレファントパブリッシング）など。写真展「遠くから来た舟」で林忠彦賞を受賞。公式サイト→kobayashikisei.com

BOOK 06

河童《かっぱ》が覗《のぞ》いたインド

妹尾《せのお》河童《かっぱ》

新潮文庫

舞台美術家《ぶたいびじゅつか》である著者が、スケッチブックと巻き尺を携《たずさ》えてインド各地を駆《か》けずり回って描《えが》いたインドの生き生きとした描写《びょうしゃ》が印象的な1冊。妹尾河童さんの「河童が覗いた」シリーズは他にもいくつか出ていますが、やはり個人的にはインド編が一番インパクトが強かったかも。あの手書きで書いた緻密《ちみつ》で詳細《しょうさい》なインドの建物やホテルの部屋の間取りのスケッチは今見てもまったく色《いろ》褪《あ》せてなくて、今でもガイド本として充分《じゅうぶん》に使えます。

Profile

1930年兵庫県生まれ。舞台美術家、エッセイスト。演劇、オペラ、ミュージカル、テレビなど、幅広く舞台美術、セット美術を手がける。「河童が覗いた」シリーズは他に『河童が覗いたニッポン』（新潮文庫）、『河童が覗いたトイレまんだら』（文春文庫）などがある人気シリーズ。初の自伝的小説『少年H』（講談社文庫）では毎日出版文化賞特別賞を受賞した。

BOOK 07

新版 貧困旅行記

つげ義春《よしはる》

新潮文庫　◆

漫画家《まんがか》である著者が、「日々の息苦しく憂鬱《ゆううつ》な日常から蒸発したい」という思いを胸に抱《いだ》き、昭和40年代から50年代の日本全国の鄙《ひな》びた温泉宿を人知れず訪れた際の旅行エッセイ。タイトルに「貧困」と入っていて、一見すると貧乏《びんぼう》旅行の旅を描《えが》いた内容かなと錯覚《さつかく》してしまいますが、むしろ現代の人が忘れてしまった「清貧」という言葉がぴったりな旅をしていて、お金や時間に縛られない旅の面白さがそこにあります。

Profile

1937年東京都生まれ。漫画家。メッキ工場などで働きながら漫画家を目指し、1954年デビュー。1960年代後半に『月刊漫画ガロ』に発表した作品群で漫画史に大きな足跡を残す。2017年『つげ義春 夢と旅の世界』（新潮社 とんぼの本）と一連の作品で日本漫画家協会賞大賞を受賞。代表作に『ねじ式』（小学館文庫）、『紅い花』（小学館文庫・ちくま文庫）、『無能の人』（新潮文庫・ちくま文庫）など。

BOOK 08

忘れられた日本人

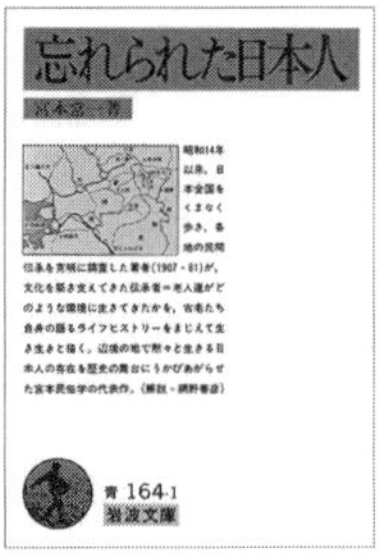

宮本常一《みやもとつねいち》

岩波文庫 ◆

民俗学者《みんぞくがくしゃ》である著者が、昭和初期に日本全国の辺境の地を自分の足で訪れて、そこに伝わる民間伝承を現地の古老から聞きとり調査をしながら、黙々《もくもく》と日常を生きる市井《しせい》の人々の存在を浮《う》かび上《あ》がらせた民俗学の古典。大学時代に履修《りしゅう》していた文化人類学の講義でテキストとして読んだ時に、エピソードとして描《えが》かれている日本各地の風習や習慣がアジアの辺境地域との共通点が多いことに驚《おどろ》き、日本はアジアなんだと改めて実感させられました。

Profile

1907年山口県生まれ。民俗学者。日本各地でフィールドワークを重ね、特に移動する人びとに注目し多くの民俗誌を残す。著書に『海に生きる人びと』（河出文庫）、『家郷の訓』（岩波文庫）、『塩の道』（講談社学術文庫）など。1981年没。山口県には宮本常一記念館がある。

BOOK 09

遠い太鼓《たいこ》

村《むら》上《かみ》春《はる》樹《き》

講談社文庫 ◆

40歳《さい》になろうとしていた著者が、ある朝、遠くから聞こえてきた太鼓の音に誘《さそ》われて日本を旅立ち、ギリシャとイタリアを3年間旅した旅行記。村上春樹は『雨天炎天《うてんえんてん》』『辺境・近境』（ともに新潮文庫）など意外と旅を綴《つづ》った作品も数多くありますが、個人的には本作が一番お気に入りです。特にギリシャを旅行した際の旅情溢《あふ》れる描写《びょうしゃ》に心を動かされてしまい、その影響《えいきょう》で数年後、本当にギリシャに行ってしまいました。

Profile

1949年京都府生まれ。小説家、翻訳家、エッセイスト。1979年『風の歌を聴け』（講談社文庫）でデビュー。著書に『世界の終りとハードボイルド・ワンダーランド』（谷崎潤一郎賞）『海辺のカフカ』『1Q84』（以上、新潮文庫）、『ノルウェイの森』（講談社文庫）、訳書にJ.D.サリンジャー『キャッチャー・イン・ザ・ライ』（白水社）、S.フィッツジェラルド『グレート・ギャツビー』（中央公論新社）など多数。

BOOK 10

ガンジス河でバタフライ

たかのてるこ

幻冬舎文庫 ◆

女性旅行作家として数多くの爆笑《ばくしょう》紀行作品を手がけている著者が、20歳《さい》の時に初めての一人旅でインドに行った際のドタバタ旅行を瑞々《みずみず》しい感性で描《えが》いたデビュー作。タイトルのインパクトが強いせいで本作品はハチャメチャなイメージがありますが、意外に奥《おく》の深い作品で青春の苦悩《くのう》が繊細《せんさい》に描かれています。世界のどんな場所を旅行しても人の懐《ふところ》に飛《と》び込《こ》める著者の行動力と人たらしの能力が羨《うらや》ましいですね。

Profile

「世界中の人と仲良くなれる!」と信じ、7大陸・70カ国を駆ける旅人。ベストセラー『ガンジス河でバタフライ』は“旅のバイブル”として広く支持され、ドラマ化もされ話題に。大学の教え子の悩みから生まれ、口コミでシリーズ累計12万部超の『生きるって、なに?』(テルブックス)ほか、『ダライ・ラマに恋して』『キューバでアミーゴ!』(以上、幻冬舎文庫)、『純情ヨーロッパ』『人情ヨーロッパ』(以上、ダイヤモンド社)など著書多数。公式サイト→takanoteruko.com/ツイッターアカウント→@takanoteruko (⇒p46)

BOOK 11

ハーレムの熱い日々

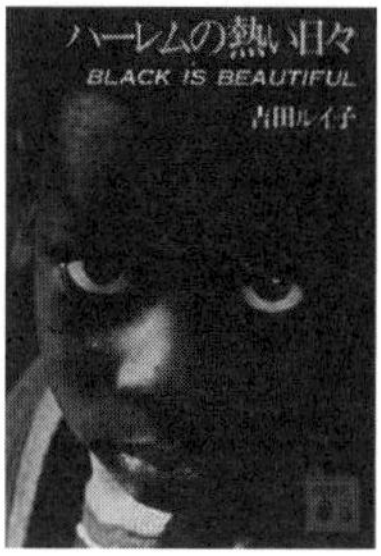

吉《よし》田《だ》ルイ子《こ》

講談社文庫

ジャーナリズム専攻の留学生として黒人のスラム街があるニューヨークのハーレムに住んだ著者が、1960年代の黒人の貧困や差別といった問題に鋭《するど》く切《き》り込《こ》んだルポルタージュ。個人的に大学時代に読んでアメリカやニューヨークに興味を持つきっかけになった作品で、実際にハーレムにも足を踏《ふ》み入《い》れました。本書を読めば、アメリカで初めてオバマ氏が黒人の大統領になったことがどれほど画期的なことか実感できるはず。

Profile

1938年北海道生まれ。写真家、ジャーナリスト。NHK国際局、朝日放送アナウンサー勤務の後、1961年フルブライト交換留学生として渡米。ハーレムの人々の写真を撮り始める。以後、世界各国に取材。1989年JCJ（日本ジャーナリスト会議）特別賞受賞。著作に『ハーレム　黒い天使たち』（サンクチュアリ出版）、『吉田ルイ子のアメリカ』（講談社文庫）、『フォト・ジャーナリストとは?　撮れなかった1枚の写真』（岩波ブックレット）など。公式サイト→ruikoy.webcrow.jp

BOOK 12

世界屠畜《とちく》紀行

THE WORLD'S SLAUGHTERHOUSE TOUR

内《うち》澤《ざわ》旬《じゅん》子《こ》

角川文庫

イラストレーターである著者が、肉を食べるために動物を殺す「屠畜」という行為《こうい》に興味を持ち、アメリカ、インド、エジプト、チェコ、モンゴル、韓国《かんこく》、沖縄《おきなわ》など日本や世界各国の屠畜現場に精力的に取材して、精密なイラストと洒脱《しやだつ》な文章で描《えが》いた紀行ルポルタージュ。本書を読めば、都会で生きていると全くその過程を想像することもない「肉を食べる」という日常の裏側にある屠畜という行為を身近に感じることができます。

Profile

1967年神奈川県生まれ。ルポライター、イラストレーター。著書に闘病エッセイ『身体のいいなり』(朝日文庫)、書斎ルポ『センセイの書斎』(河出文庫)、共著に印刷の現場取材記『印刷に恋して』(文・松田哲夫、晶文社)、アジア各国のトイレ探訪記『東方見便録』(文・斉藤政喜、文春文庫)などがある。ツイッターアカウント→@riprigandpanic

BOOK 13

青春を山に賭《か》けて

植村《うえむら》直己《なおみ》

文春文庫

日本人初のエベレスト登頂や世界五大陸の最高峰《さいこうほう》登頂、犬ぞりでの北極点単独行など日本が生んだ最高の探検家である著者が、無一文で日本を脱出《だつしゅつ》した後、アメリカやヨーロッパでのアルバイト生活を経て数々の偉業《いぎょう》を成《な》し遂《と》げるまでの青春の記録。偉大な探検家というイメージとは違《ちが》い、海外で英語ができずに苦労したり、アメリカで不法就労で捕《つか》まったりといった人間味あふれる等身大の「植村直己」の若き日の情熱と行動力に感銘《かんめい》を受けます。

Profile

1941年兵庫県生まれ。登山家、冒険家。25歳でのモンブラン単独登頂を皮切りに、キリマンジャロ、アコンカグア、エベレスト、マッキンリーに単独登頂、世界初の5大陸最高峰登頂者となる。37歳のとき北極点犬ゾリ単独行に成功。1984年43歳のときマッキンリーに冬期単独登頂後、消息を絶つ。後、国民栄誉賞が贈られた。兵庫県に植村直己冒険館がある。

BOOK 14

バウルを探して〈完全版〉

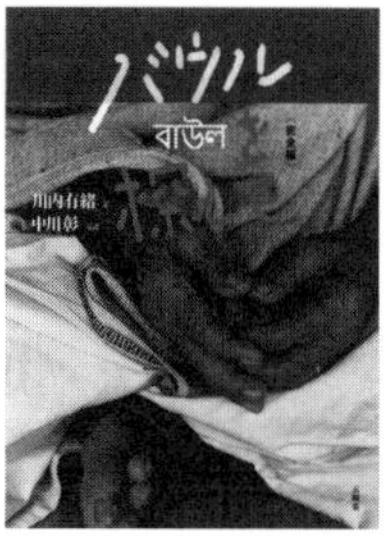

川《かわ》内《うち》有《あり》緒《お》〔文〕

中川《なかがわ》彰《あきら》〔写真〕

三輪舎

バングラデシュで社会階級や宗教に属さず楽器ひとつを抱《かか》えて放浪《ほうろう》生活をする幻《まぼろし》の吟遊《ぎんゆう》詩《し》人《じん》「バウル」を、著者が単身現地に乗《の》り込《こ》み追いかけた12日間の旅の記録。著者がバウルを探して混沌《こんとん》としたバングラデシュの大地を当てもなく彷徨《さまよ》い、苦悩《くのう》し、奮闘《ふんとう》する様子をまるで自分も一緒《いつしよ》にその場で体験してきたかのような臨場感あふれるエピソードの描《えが》き方《かた》が秀逸《しゆういつ》で、ロードムービーを観たような読後感を味わえます。

Profile

1972年東京都生まれ。ノンフィクション作家。米国企業、日本のシンクタンク、そしてフランスの国連機関などに勤務し、国際協力分野で12年間働く。『バウルを探して』で新田次郎文学賞を受賞。主な著書に『パリでメシを食う。』（幻冬舎文庫)、『晴れたら空に骨まいて』（講談社文庫)、『空をゆく巨人』（集英社、開高健ノンフィクション賞）などがある。公式サイト→ariokawauchi.com ／ツイッターアカウント→@ArioKawauchi

BOOK 15

モーターサイクルダイアリーズ

エルネスト・チェ・ゲバラ
Ernesto "Che" Guevara
棚橋加奈江〔訳〕

角川文庫

革命家チェ・ゲバラが、医学生だった1951年から52年にかけて、友人とともに故郷アルゼンチンを出発してチリ、ペルー、コロンビアをバイクでアンデスを越《こ》え、いかだでアマゾン川を下り、ヒッチハイクや密航をしながら横断した際の旅行記。無一文で旅をしたことで、南米の庶民《しよみん》の苦しい暮らしを体感し、その後の革命家として活動していく上で大きなきっかけになったこの旅なくして、キューバ革命は成しえなかったかも。映画もオススメ。

Profile
1928年アルゼンチン生まれ。政治家、革命家。「チェ」は愛称。フィデル・カストロと共にキューバ革命を牽引。カストロ政権で要職を務めた後、キューバを離れ、1967年ボリビアの革命運動でゲリラ活動中にボリビア国軍に射殺された。著書に『新訳 ゲバラ日記』（中公文庫）、未公開日記『チェ・ゲバラ革命日記』（原書房）などがある。

BOOK 16

オン・ザ・ロード

ジャック・ケルアック
Jack Kerouac
青山南〔訳〕

河出文庫

ビート・ジェネレーション世代の代表的な作家である著者が、第2次世界大戦後のアメリカ大陸を舞台《ぶたい》に、小説家志望の若き主人公と悪友の2人が自動車、バイク、ヒッチハイクなどで数年かけて放浪《ほうろう》する旅を疾走感《しつそうかん》あふれる描写《びようしや》で書き上げた青春小説で、1960年代のヒッピーたちのバイブルになった作品。大学生の時に読んで、衝動的《しようどうてき》に旅に出たくなる気持ちというのは押《お》さえこまずに実際に旅に出てもいいんだ、と勇気づけられました。

Profile

1922年アメリカ・マサチューセッツ生まれ。アレン・ギンズバーグ、ウィリアム・バロウズと共に、物欲主義や社会からの抑圧に異議を唱える文学運動ビート・ジェネレーションを推進。『オン・ザ・ロード』はその誕生を高らかに告げた不滅の青春バイブルとして名高い。著書に『路上』（河出文庫）、『地下街の人びと』（新潮文庫）などがある。1969年没。

BOOK 17

荒野《こうや》へ

ジョン・クラカワー

Jon Krakauer

佐宗鈴夫〔訳〕

集英社文庫

ジャーナリストである著者は、地方新聞が報じたある青年の謎の死に興味をもつ。恵《めぐ》まれた家庭環境《かていかんきょう》で育った青年が、家を捨て、アラスカの荒野で死体となって発見されたのはなぜなのかと。本作は、登山家でもある著者の綿密な取材をもとに家出から放浪《ほうろう》生活を経て荒野に魅《み》せられた青年の心の軌跡を辿《たど》ったノンフィクション。旅は孤独《こどく》や苦悩《くのう》、悲しみを抱《かか》えた自分自身と対峙《たいじ》することができる貴重な時間なんだと再認識させられます。

Profile

1954年生まれ。アメリカの登山家、ジャーナリスト。多方面にわたって緻密な取材と執筆活動を続け、エベレスト大量遭難からの生還記録『空へ　エヴェレストの悲劇はなぜ起きたか』（文春文庫）、モルモン教原理主義の闇を描いた『信仰が人を殺すとき』（河出文庫）などベストセラー多数。公式サイト→jonkrakauer.com

BOOK 18

フィンランド・森の精《せい》霊《れい》と旅をする

リトヴァ・コヴァライネン Ritba Kovalainen 、
サンニ・セッポ Sanni Seppo
上山美保子〔監修〕、柴田昌平〔訳〕

プロダクション・エイシア

フィンランドの女性写真家2人がフィンランドの森を撮影《さつえい》した写真集の日本語版。森の精霊への畏《おそ》れ、木をめぐる不思議な風習、木と人の深い関係など、木々に刻まれた記憶《きおく》を掘《ほ》り起《お》こす旅の記録を数多くの幻想的《げんそうてき》な写真を通じてまとめた1冊。ムーミンのような森の精霊が、本当に水辺や島々や木々に隠《かく》れているのではと感じさせる写真ばかりで、不思議と気持ちが癒《いや》されます。日本とフィンランドでは木々に対する畏《い》敬《けい》の念が似ているのかも。

Profile

1959年生まれ（コヴァライネン)、1960年生まれ（セッポ)。フィンランドの写真家。1990年からフィンランド各地の古い木とその歴史をたずねるTree People プロジェクトを開始。1997年、優れた芸術家に国家が贈呈する「フィンランド賞」を受賞。また、本書でフィンランドにおける「最も美しい本賞」を受賞した。公式サイト→puidenkansa.net

BOOK 19

新詳高等地図

帝《てい》国《こく》書《しよ》院《いん》編《へん》集《しゆう》部《ぶ》［編］

帝国書院

いまでこそスマートフォンの普及《ふきゆう》で地図アプリですべて事足りる世の中になりましたが、旅といえば必需品《ひつじゆひん》なのが地図。帝国書院のこの地図は、中高生が学生時代の地理の授業で教材として必ず使用するものなので、地図やデータが非常に分かりやすく書かれていて、地図マニアの私からみてもオススメの地図だと思います。旅行のプランを練ったり、地図を見て見知らぬ土地に想《おも》いをはせたりと、いろんな楽しみ方ができます。

Profile

1917年創立。東京都にある社会科教科書・地図帳刊行を主とする出版社。学校で使用されている『小学生の地図帳』『中学校社会科地図』『標準高等地図』『地歴高等地図』は市販もされている。ほか、「旅に出たくなる地図」シリーズなど。公式サイト→teikokushoin.co.jp ／ツイッターアカウント→@Teikokushoin

BOOK 20

新版 日本の島ガイド SHIMADAS シマダス

日本離島《にほんりとう》センター〔編〕

日本離島センター

日本は世界的にみても類をみないほど、多数の島からなる島国ですが、本書はそんな日本の北は北海道礼文《れぶん》島から南は沖縄《おきなわ》県与那国《よなぐに》島まで、全有人島と主な無人島あわせて1750島のさまざまな情報を満載《まんさい》した非常に貴重かつ便利な1冊です。「島の人口・面積」「島への交通」といった基本データや、特産物、宿などの観光情報等が島ごとの詳細《しようさい》な地図とともに載《の》っていて、本書に目を通せば「島国日本、再発見への旅」へと誘《さそ》ってくれるはず。

Profile

1966年離島振興推進にあたっての拠点組織として、全国離島振興協議会を母体に設立された。離島振興関係4法の指定有人島を有する全国137市町村で組織し、離島の自主的・創造的な振興活動の推進、支援に関する事業を行い、離島住民の生活の安定と福祉の増進を図り、あわせて国民経済の発展に寄与することを目的としている。2013年公益財団法人となる。刊行物に季刊雑誌『しま』など。公式サイト→nijinet.or.jp

14歳の世渡り術

旅が好きだ！
21人が見つけた新たな世界への扉

2020年6月20日　初版印刷
2020年6月30日　初版発行

編　者　河出書房新社

著　者　角田光代　金坂清則　川田正和　倉本一宏　香日ゆら
　　　　酒井順子　清水浩史　下川裕治　たかのてるこ　高野秀行
　　　　出口治明　トナカイフサコ　中島悠里　はあちゅう　羽石杏奈
　　　　藤村里美　牧村朝子　益田ミリ　松本英子　森百合子　山本あり

ブックデザイン　高木善彦

発行者　小野寺優
発行所　株式会社河出書房新社
　　　　〒151-0051　東京都渋谷区千駄ヶ谷2-32-2
　　　　電話　(03)3404-1201(営業)／(03)3404-8611(編集)
　　　　http://www.kawade.co.jp/

印　刷　凸版印刷株式会社
製　本　加藤製本株式会社

Printed in Japan
ISBN978-4-309-61723-7